瞑想の心理学

大乗起信論の理論と実践

可藤豊文

法藏館

プロローグ

我が生は何処《いずこ》より来たり　去って何処にかゆく
独り蓬窗《ほうそう》の下に座して　兀《ごつ》々として静かに尋思す
尋思するも初めを知らず　いずくんぞ能《よ》く其の終りを知らん

（良寛『草堂詩集』）

雪深い五合庵で独りぽつねんと物思いにふける良寛の胸に去来していたものが「生の由来」と「死の所去《しょこ》」であったことを思うとき、私は人間存在の危うさと、何か言いようのない寂しさ、いとおしさを感ぜずにはいられない。そして、いつか（今生ではないかもしれないが）、この凍りつくような生の現実と向かい合わねばならないときが誰にも一度は訪れるであろうが、その時、果たしてどれだけの人がこの孤愁に耐えられるであろうか。

われわれはどこから来てどこへ行くのか……誰も一度はこんな問いが脳裏を掠めたことがあるに違いない。しかし、その答えが分からないまま、いつしか忙しさの中で忘れてはいるが、遠い記憶の片隅で今もくすぶり続けている問いのように私には思える。

今世紀初頭、量子論の発展に大いに寄与したマックス・プランクも、恐らく老いてなおこの問いは彼の中でくすぶり続けていたに違いない。でなかったら、科学者の口から「私はどこから来て、どこへ行くのか。これは由々しい問題である。万人にとってそうなのだ。しかし、科学はその答えを知らない」と言うことはなかったであろう。私は、もしかしたら一笑に付されるかも知れないような心情を吐露し、人間の真実に迫ろうとする科学者としての彼の真摯な姿勢に敬意を払わずにはいられない。

彼が言うように、科学はその答えを知らないだろう。それならばと、こんな問いをいわゆる分別ある大人に訊いてみたところで答えが返ってくるとはとても思えない。たとえそれがあなたを生んでくれた父母であっても結果は同じだろう。否、父母となったあなたは果たしてその答えを用意しているだろうか。いや、あなたにとってそれはもはや「由々しい問題」ではないのかも知れない。空海が言う「異生羝羊《いしようていよう》」のごときわれわれには他にすべきことがたくさんあって、そんな問題にかかわっている時間などないということだろう。

しかし、生の由来も知らなければ、死の去り行くところをも知らない大人たちが、遅れてくる者に、人の命は尊いなどと言ってみたところで、どれだけ説得力があるというのか。しかも、その答えたるや、一度たりとも生の意味など問うたことがない者と同じだというのだからなおさらである。

我を生ずる父母も生の由来を知らず。生を受くる我が身もまた、死の所去《しよこ》を悟らず。過去を顧みれば、冥冥《めいめい》としてその首《はじめ》を見ず。未来に臨めば、漠漠《ばくばく》としてその尾《おわり》を尋ねず。

（空海『秘蔵宝鑰』）

プランクと同じ科学者であり、晩年といっても四十年足らずの短い命しか与えられていなかったパスカルが、科学から人間の研究へと移り、その思索の断片を集めた『パンセ』の中で、同様のことを言っている。「私はやがて死ななければならないということ、これが私の知っているすべてである。しかし、どうしても避けることのできないこの死を、私は何よりも知らないでいる。私は、私がどこから来たかを知らないと同様、私はどこへ行くかを知らない」。科学者として天才の名をほしいままにしたパスカルは、当時一級の知識人であり、たくさんのことを知っていた。しかし、それは問題ではなかった。最も確実にして最も不確実な死を前にして、彼には「生の由来」はもとより「死の所去」さえ知らない自分がそんな知識を誇ってみたところで何になろうという想いがあったろう。

翻って、われわれ一人ひとりの未来に何が起こるかなど誰にも分からない。しかし、ただひとつ確実なことは死だけなのだ。しかも、その避けようもない死が何であるか、誰も知らないのだ。生まれ落ちたときから一瞬たりとも死の床を離れたことのないわれわれの生とは、一体いかなるものなのか……そんな想いを内に秘めながら、またしても私は、言わずもがなの繰り言を始める。

瞑想の心理学　大乗起信論の理論と実践　目次

第三章　存在論―返本還源―135

第四章　方法論——止観双修——173

序章　『大乗起信論』概説

大乗とはわれわれの心（衆生心）をいう

馬鳴（アシュヴァゴーシャ）が著したとされる『大乗起信論』は、小乗、大乗、金剛乗（密教）など仏教の主なる流れの中で、大乗の教えとは何かを説いた論書である。『起信論』が大乗をどのように理解しているか、さっそく本文に当たってみよう。

摩訶衍《まかえん》（大乗）には、総説せば、二種あり。いかんが二と為す。一には法、二には義なり。言うところの法とは衆生心をいう。

（『起信論』23）

摩訶衍とはマハーヤーナの音訳で大乗のことであり、大いなる乗り物という意味である。サンサーラの世界からニルヴァーナの世界へと、われわれを乗せて渡す教えということである。親鸞がその主著『教行信証』の総序に「難度海を度《ど》する大船」と言ったように、難度海、すなわち生死の世界（サンサーラ）から涅槃の世界（ニルヴァーナ）へと乗せて渡す大船のイメージであろうか。

　そこで、当然問題になってくるのは、一体何がわれわれをサンサーラの世界からニルヴァーナの世界へ乗せて渡すかということである。一般に、大乗の教えとは何かをいう場合、鎌倉仏教期の祖師方を例に言えば、親鸞は『大無量寿経』、日蓮は『法華経』というように、自ら拠所とする経典を選び、そこに説かれている教えのエッセンスを抜き出し、そこから新しい大乗仏教を開いたように、まず経典があって、大乗の教えの真実は何かを説こうとした。しかし『起信論』は、そういうようなことは一切言わず、大乗とはわれわれ自身の心（衆生心）であると言う。

　サンサーラの世界からニルヴァーナの世界へと乗せて渡す大いなる乗り物は、他でもないわれわれ自身の心であると言うのだ。『起信論』のこの表明は大変重要な意味を持っていると言わねばならない。苦行や善行に励み、功徳を積むことではなく、また瑣末な経典の研究や歴史的な解明に明け暮れるのではなく、自分自身の心をよく理解し、それと取り組むことが大切であると言っているのだ。その証拠に、過去の菩薩たち（仏道を歩み始めた人間をいう）もまた、この心に乗じて仏になったのだ。「一切の諸仏の本乗ぜし所なるが故なり、一切の菩薩もみなこの法（心）に乗じて如来地に至るが故なり」（『起信論』23）。

　このように、われわれの心がサンサーラの迷いの世界からニルヴァーナの悟りの世界へと乗せて渡すとする背景には、よく知られた「一切衆生悉有仏性」という、仏教の基本的な考え方が根底にある。

　衆生も亦《ま》た爾《しか》なり、悉く皆心有り。凡《およ》そ心あるものは定んで当《まさ》に阿耨多羅三藐三菩提を成ずることを得べし。是の義を以ての故に我〃一切衆生悉有仏性〃と宣説す。

（『涅槃経』）

人は誰も心を持っているから、悟り（阿耨多羅三藐三菩提）が可能であり、その心ゆえに、誰もが仏になる可能性（仏性）を宿していると理解することができるだろう。大切なことは、われわれが心を有しているから「一切衆生悉有仏性」としたことである。

ところが仏教、とりわけ親鸞の思想などに親しんでいる人々にとって、心に乗じて此岸（サンサーラ）から彼岸（ニルヴァーナ）に渡るなど決してあり得ないと言うだろう。心と言えば、妄想転倒（親鸞の言葉）というぐらいだから、なぜそんな心が大乗なのかという反論が当然生じてくるに違いない。そして、親鸞自身が、

浄土真宗に帰すれども
真実の心はありがたし
虚仮不実のわが身にて
清浄の心もさらになし

（親鸞『正像末和讃』）

と悲嘆述懐しているように、この心でもって彼岸に渡ることなどできはしないということになる。何と言っても、われわれには「真実の心」も「清浄の心」もないのだから。しかし、それを論じる前に『起信論』の心の理解に言及しなければならない。

心真如と心生滅

仏教は世界を、迷いの世界（サンサーラ）と悟りの世界（ニルヴァーナ）の二つに分ける。しかし、それは世界が二つあるというのではなく、世界はあくまで一つなのであるが、われわれの認識の構造によってサンサーラの世界（世間法＝俗諦）ともなれば、ニルヴァーナの世界（出世間法＝真諦）ともなる。つまり、認識の基盤としての心、あるいは意識が虚妄であるか、真実であるかによって、世界も二つに分かれるということだ。

この心の真如の相（心真如）はすなわち摩訶衍（大乗）の体を示すが故なり、この心の生滅因縁の相（心生滅）は能《よ》く自らの体と相と用を示すが故なり。

（『起信論』23）

とあるように、『起信論』はわれわれの心を心真如（真心）と心生滅（妄心）の二相に分ける。そして、心に二相あることから、サンサーラ（生死）の世界とニルヴァーナ（涅槃）の世界に分かれてくるのだ。妄心（心生滅）ならば世間法、すなわち生死輪廻する世界に入っていくが、真心（心真如）ならば出世間法、すなわち涅槃の世界へと帰っていく。このように、心が二相に分けて考えられているところに、『起信論』における心の理解の大きな特徴がある。これと同じ文脈で言われているものに、無着の「二分依他」（『摂大乗論』）をあげることができるだろう。「生死とは、謂く依他起性の雑染分なり。涅槃とは、謂く依他起性の清浄分なり」。つまり、サンサーラ（生死）は心の雑染分（妄心）に依るのであり、ニルヴァーナ（涅槃）は心の清浄分（真心）に依ると（ここでは依他起性を心と解しておく）。

このように、妄心でもって世界に対するとき、見るものことごとくが虚妄の世界となり、真心でもって世界に対するとき、見るものことごとくが真実の世界となる。「かくのごとく真諦（ニルヴァーナ）と俗諦（サンサーラ）はただ二義のみあって二体あることなし」という中国華厳宗第三祖の法蔵の言葉は、そのことをよく表している。真実の世界（ニルヴァーナの世界）と虚妄の世界（ニルヴァーナの世界）は存在の二つの有り様であって、決して二つの世界があるのではない。本来は一つなのだが、見るわれわれの心によって二つに分かれるから「二義」と言う。『起信論』が「この心（衆生心）はすなわち一切の世間法と出世間法とを摂すれば、この心によりて、摩訶衍（大乗）の義を顕示すればなり」というのも今述べた意味なのだ。

言うまでもなく、現在われわれが生きているのは妄心であり、妄心というと何かにとりつかれた妄想と考え、私には関係ないと思うかもしれないが、そうではない。六祖慧能が「心は本よりこれ妄なり」と言ったように、われわれが深くその起源を尋ねることもなく、普通に心と呼んでいるものであり、意志、思考、欲望、感情など、どこからともなく妄りに湧き起こる心を言う。

また、絶えず浮かんでは消えしながら、途切れることなく続いている心という意味で、生滅心あるいは相続心とも言う。生滅を繰り返しながら、良くも悪くもわれわれを生死輪廻の絆に繋ぎ止めている心である。親鸞も「一生の間、思いと思うことみな生死の絆にあらざることなし」と言ったように、この心が生滅を繰り返しながら輪廻転生していることから、『円覚経』はそれを「輪廻の心」と呼ぶ。

このように、われわれの内側には何の脈絡もない想念が途絶えることなく流れているが、われわれはその事実にさえ気づいていない。この心（妄心）がわれわれを生死の絆に繋ぎ止め、あらゆる問題を作り出していることから、いずれ方法論を扱うところでこの心と取り組むことになるだろう。そして真心を知ることで、サンサーラの世界はニルヴァーナの世界ともなる。これが『起信論』が、そして、これからわれわれが辿ろうとする道なのだ。

心性本浄・客塵煩悩

『起信論』はわれわれの心を妄心（心生滅）と真心（心真如）の二相に分けたが、さらに、チベット密教ニンマ派が心を心（sems）と心の本性（sems-niyd）に分けたように、心を心と心性の二つに分ける。心性とは心の本性という意味であり、それは本より浄いということで「心性本浄」という。しかし、現在その心（心性）はさまざまな心（それを「客塵煩悩」と言う）に覆われて見えなくなっている。

已《すで》に心の性浄なるも　而《しか》も客塵に染せらるるを説けり
心の真如を離れて　別に心の性浄有るにあらず
（『大乗荘厳経論』）

この「已に」が非常に大切な意味を持っている。心が性浄とは「心の真如」、すなわち『起信論』がいうところの心真如（真心）を、今もわれわれは携えているけれども、それが客塵煩悩によって覆われているために、われわれは迷いに迷いを重ねているということだ。そして『起信論』は、心が生滅を繰り返す時間に属しているのに対して、心性を不生不滅という意味で永遠であるとした。その心性が妄りに起こる心（妄心）によって覆い隠されているために、われわれはそれを知らず、それがために生死の苦海（親鸞の言葉）に身を淪《しず》める常没の凡夫となって、一向に真実が何であるか分からないでいる。

罪業もとよりかたちなし
妄想転倒のなせるなり
心性もとよりきよけれど
この世はまことのひとぞなき

（親鸞『愚禿悲嘆述懐』）

親鸞も心性はもとより浄いと言う。しかし、この世に真実の人はいないとも言う。「心性本浄」であるけれども「客塵煩悩」ゆえに、真心を妄心（妄想）で覆い、いつしか生死に迷う存在となって、真実が何かも分からないまま、生々死々を繰り返しているのがわれわれ人間であるということだ。しかし、親鸞はあなたがそうだと言ったのではない。『恵信尼書簡』の中で、彼は他でもない自分自身が「世々生々にも迷いければこそありけめ」と言った。「世々生々」とは輪廻転生を言い換えたものであるが、大切なことは自分が今ここに存在しているのは、世々生々に迷っているからであるとしたことはよく心に留めておかねばならない。その反省に立って、彼が生涯を賭けて求めたのが「生死出ずべき道」であったことも……。

このような心の分類は、その他にも例がある。例えば、空海は『一切経開題』の中で、心を妄念と本心に分け、「一切の妄念はみな本心より生ず。本心は主、妄念は客なり。本心を菩提と名づけ、また仏心と名づく」と言い、その違いを明確にしている。本心こそわれわれの主人であり、本当の心なのであるが、そこにさまざまな妄念、といっても通常われわれが心と呼んでいる客人が妄りに起こってくるがゆえに（なぜ起こるかは後述）、われわれは生死に迷う常没の凡夫になっている。しかし、たとえそうであっても、われわれの心の内側には依然として悟り（菩提）の心である仏心は存在している。ただ、仏心をわれわれが客塵、すなわち妄念（心）によって覆うがゆえに、見るものことごとくが虚妄の相として見えてくる。つまり、生死際なき輪廻の世界となっているというものだ。

サンサーラとニルヴァーナ

サンサーラの世界とニルヴァーナの世界を『起信論』は心生滅門と心真如門の二門で説明するが、もちろんこれらは対立する二つの世界ではなく、認識主体であるわれわれ一人ひとりの心が心真如（真心）であるか心生滅（妄心）であるかによって二門に分かれてくる。「一心の法に依りて二門あるをいう。いかんが二となす。一には心真如門、二には心生滅門なり。この二種の門は皆おのおの一切法を総摂すればなり。この二門は相離れざるをもってのゆえなり」（『起信論』25）。これまで述べてきた心と世界の関係を纏めると次のようになる。

衆生心 ┌ 心真如（真心）…真如門…出世間法…真諦（涅槃）
　　　 └ 心生滅（妄心）…生滅門…世間法……俗諦（生死）

サンサーラとニルヴァーナ、すなわち生死の世界と涅槃の世界の違いを心でおさえたところに『起信論』の特徴がある。真如門と生滅門はわれわれの心（衆生心）に二つの相、すなわち真心（心真如）と妄心（心生滅）の二相があるから、二門に分かれると『起信論』は見ているのだ。しかし「是の二門は相離れざるを以ての故なり」とすることによって、生死の世界と涅槃の世界は相い離れて存在しているのではなく、そこには相即性がある。

　しかし、われわれはややもすると、生死の迷いの世界と涅槃の悟りの世界は離れて存在すると考える。例えば、厭離穢土・欣求浄土という場合、穢土（サンサーラの世界）を厭い離れて、浄土（ニルヴァーナの世界）を欣《ねが》い求めるということであるから、この世界を離れたどこか遠くに浄土を思い描くかもしれないが、『起信論』は生死流転する迷いの世界（生滅門）と涅槃の世界（真如門）は離れてあるのではないと言う。つまり、世界が二つあるのではなく、世界はあくまで一つなのであるが、心の二相、すなわち心生滅（妄心）と心真如（真心）によって生死の世界ともなれば、涅槃の世界ともなる。だからこの世界を離れたどこか遠くに、宗教は真実（の世界）を求めているのではない。実は、この世界そのものがどちらともなりうる。それはわれわれの心次第というのが、『起信論』の基本的な考え方なのである。

この考えを踏まえ、後に、いかにして生滅門（生死）から真如門（涅槃）に入るかという実践的な方法論を取り上げることになるが、ここでは、生死の世界と涅槃の世界が離れて存在しているのではないことだけは確認しておかねばならない。その一例として『維摩経』の「仏国品―穢土を浄める」という章を取り上げてみよう。

真実と虚妄

六年にわたる修行の結果、悟りを開いたとされる仏陀（釈尊）にとって、この世の見るものすべては美しく、欠けるものは何もない。いわば仏土（浄土）と映っている。しかし、われわれの目にはとてもそうは見えていない。むしろ穢土といった方がふさわしいのではないかと弟子のシャーリプトラ（舎利弗）が疑問に思っていると、彼は、それはあなたがたに問題があるからだと答えている。

爾《そ》の時、舎利弗は仏の威神を承《う》けて是の念を作《な》せり……もし菩薩の心浄ければすなわち仏土浄しとならば、我が世尊、本菩薩為《た》りし時、意は豈《あ》に浄からざらんや。而《しか》も是の仏土は浄からざること此《かく》の若きや、と。

仏、其の念を知りて、即ち之れに告げて言《のたま》わく、「意に於いて、云何《いか》ん。日月豈に浄からざるや。而も盲者は見ず」。対《こた》えて曰わく、「不《いな》なり。世尊よ、是れ盲者の過《とが》にして、日月の咎《とが》に非ず」。

「舍利弗よ、衆生の罪なり。故に如来の仏土の厳浄なるを見ざるも、如来の咎には非ず。舍利弗よ、我が此の土は浄けれども汝は見ざるなり」。

（『維摩経』）

この世は浄土であるけれどもそう見えていないのは、あなたがたの咎（罪）であって、誰のせいでもない。太陽や月の光が輝いていても、目の不自由な人にとって闇としか映らないように、そうと見ることができないのはわれわれ人間（衆生）の側に問題があり、心が浄ければ、ここはすなわち浄土である。言い換えると、真心で見るならば、世界は浄土と映るであろうが、妄心では決して見えてこないということだ。従って、この世を厭い、どこに逃れ隠れようとも、誤って死後の世界に浄土を求めようとも、あなたの心が変わらない限り、そこは同じ穢土、すなわちサンサーラの世界なのだ。

このように、われわれが存在しているこの世界が虚妄の世界（穢土）であるか、真実の世界（浄土）であるかということは、われわれ自身の問題ということになる。もっとも、われわれはこの世界が虚妄であるか真実であるかなど問うこともなく、自分に見えていないのだからそんなものはありはしないと言うだろう。しかし、それはあなたに見えていないだけかもしれないのだ。

そして、この穢土を浄めるというのは、われわれがこの矛盾に満ちた世界に直接手を下し、改革したり、ソフィスティケイトすることではなく、問題はわれわれ自身の心の問題に還元されるということだ。だから『起信論』という書物は、最初にあくまでも大乗とは何かを定義して、それは衆生心、すなわちわれわれ自身の心であると明言し、その心に真心（心真如）と妄心（心生滅）の二つがあるとしたのだ。そして、真心ならば真実の世界、妄心ならば虚妄の世界となる。この真実と虚妄の違いを最も端的に表現したものとして、『摂大乗論』から次の文章を挙げることができるだろう。

諸の凡夫は、真を覆いて一向に虚妄を顕わす。
諸の菩薩は、妄を捨てて一向に真実を顕わす。

（無著『摂大乗論』）

まず、諸の凡夫、すなわちわれわれ人間は真心を自らの妄心で覆っているがために、見るものことごとくが虚妄になっている。われわれが見ているものは真実ではなく、『起信論』が言うところの妄境界（仮象の世界）なのだ。しかも、その理由はわれわれ自身が真実を覆っているからに過ぎない。一方、諸の菩薩は妄心を捨てて、真心で見るがゆえに、見るものことごとくが真実となる、その違いなのだ。

宗教における真実と虚妄の違いは心の真・妄に依るのであり、今のところわれわれが見ている世界は心（妄心）が捉えた虚妄の世界であり、真実はその背後に隠れている。しかし、それは隠れているのであって、失われたのではない。『楞厳経』の有名な言葉に「一切衆生の、無始よりこのかた、生死相続するは、皆、常住の真心、性浄明の体を知らずして、諸々の妄想（妄心）を用うるによる。此の想は真ならず、故に輪転あり」というのがある。われわれ衆生がサンサーラの世界で逼迫しているのは、われわれが「常住の真心」を知らず、妄想に過ぎない心（妄心）を自分の心と錯覚し、それにどこまでも執着しているから生々死々は続くというのだ。従って、虚妄を生み出す心を取り除きさえすれば、その後から真実はありのままの姿を顕す。人間は虚妄なるものと真実なるものとの間に架けられた橋なのだ。

衆生の意味

仏教はわれわれ人間を衆生（あるいは凡夫）と呼ぶが、衆生とはどういう意味であろうか。まず道元から見てみよう。

広劫《こうごう》多生のあいだ、いくたびか徒に生じ、徒に死せしに、まれに人身を受けて、たまたま仏法にあえるとき、この身を度《ど》せずんば、何《いず》れの生にか、この身を度せん。

（道元『正法眼蔵随聞記』）

われわれ人間は始めとて分からない遠い過去から、いくたびか徒に生まれ、徒に死を繰り返して来たということで「広劫多生」であり、従って、衆生とは衆多の生、つまり何度も生と死を繰り返しているものという意味である。しかし、われわれの生の始めと終りが徒ごとならば、その間（あわい）もまた徒ごとではないのか。つまり、私たちが生と呼んでいるものがそれほど確固としたものではないということだ。そして「まれに人身を受けてたまたま仏法にあえるとき、この身を度せずんば」と、親鸞と同じ「難度海を度す」が使われており、今生において自らをサンサーラの世界からニルヴァーナの世界に渡す（度す）のでなければ、「何れの生にか、この身を度せん」とわれわれに注意を呼びかけているのだ。

ここに引用した道元の言葉は、われわれ人間が今いるところを的確に捉えているだけではなく、たまたま人間として生まれたのであるから、この機会を捉え、此岸（サンサーラ）から彼岸（ニルヴァーナ）へと渡っていきなさい。そうでなければ、再びこのような機会が訪れるまでにあなたはどれほど空しく生と死を繰り返すことになるか、あなた自身にも分からないのだからと言っているのだ。

広劫多生のあいだにも
出離の強縁しらざりき
本師源空いまさずば
このたび空しくすぎなまし
（親鸞『高僧和讃』）

親鸞もまた「広劫多生」と言い、師法然（源空）に出会うことがなかったならば、生死の世界を離れて彼岸へと渡る術も分からないまま、徒に時を費やし、空しく今生の生を使い果たしていたことだろうと言う。禅と浄土の違いはあるけれども、道元と親鸞はわれわれ衆生について同じ理解を示している。

広劫多生のあいだ生死の苦海に沈淪《ちんりん》し、「われもひとも生死をはなれんことこそ諸仏の本意」であるにもかかわらず、われわれは生の由来も分からなければ、死の去り行くところも分からないまま、これまで徒に生まれ、徒に死を繰り返してきた。このように生の始めはもとより、死の終りも分からず、限りない生と死を繰り返しているわれわれ人間を空海は慨嘆して言う。

生れ生れ生れ生れて生の始めに暗く
死に死に死に死んで死の終りに冥し
（空海『秘蔵宝鑰』）

また、空海は、「衆生は迷えるが故に多の衆生を成じ、諸仏は覚《さと》れるがゆえに会して一仏と成る（『念持真言理観啓白文』）と大変意味深いことを言っている。われわれ衆生は迷っているが故に次々と多くの衆生を生み出し、一方、諸仏は覚って一仏となる。言い換えると、衆生は一から多へ、諸仏は多から一へと全く方向が逆になっているということだ。

そして、この衆生理解の行きつくところが、『歎異抄』にも見える、中国浄土教の思想家である善導の「自身は現にこれ罪悪生死の凡夫、広劫よりこのかた常にしずみ常に流転して、出離の縁なき身と知れ」という金言になるであろう。しかし、『起信論』の中には、衆生にはもう一つ別の意味がある。それは『起信論』が如来蔵思想の流れを汲む論書であることと関係している。

衆生―如来蔵

如来蔵思想といってもそれはすでに説明した『涅槃経』の「一切衆生悉有仏性」、すなわち、われわれ人間はもとより仏になる可能性（仏性）を本来具えているということである。仏性は変わることのないわれわれ自身の内なる本性であり、それを仏教は自性とも呼ぶ。

自性もし悟らば、衆生は是れ仏なり、自性もし迷わば、仏は是れ衆生なり。

（慧能『六祖壇経』）

自性を覚《さと》り得ないとわれわれは生死に迷う衆生となり、自性を覚ればわれわれは仏となる。自性（仏性）の覚・不覚が仏と衆生を分けているのだ。では、自性とは具体的にどのような内容を指しているのであろうか。

本より已来《このかた》、性《しょう》（自性）に自ら一切の功徳を満足す……満足して少《か》くる所あることなき義なるが故に、名づけて如来蔵と為す、また如来の法身とも名づくるなり。

（『起信論』61）

すべての人の内側（自性）には、もとより一切の功徳が備わり、何ら欠けるものがないというので如来蔵と呼んでいることが分かる。ここには明けの明星を見て悟りを得たとされる釈尊が「奇なるかな、奇なるかな、一切衆生は皆、如来の知恵・徳相を具す」と発したことが背景にあると考えられるが、仏陀（釈尊）は、われわれ衆生は確かに今さまざまな煩悩（妄心）に覆われて、生死に沈淪《ちんりん》しているけれども、すでに悟りの知恵・徳相（如来蔵）を具えていることは、私（仏陀）といささかも異なるところがない。そのことは私がこの世に出て説こうが説くまいが、常に変わらぬ普遍的な真理であることを次のように言った。

一切の衆生は、諸趣煩悩の身中に在りと雖《いえど》も、如来蔵ありて常に染汚なく、徳相備足して、我（仏陀）が如く異なることなし。若《も》しは仏出世するも、若しは仏出世せざるも、一切衆生の如来蔵は常住不変なり。

（『如来蔵経』）

さらに『起信論』の研究者としても知られる中国華厳宗第五祖にあたる宗密を引用して、心と如来蔵の関係を見ておこう。

一切の有情、皆本覚の真心あり。無始以来、常住にして清浄、昭々として昧《くらま》されず、了々として常に知る、また仏性と名け、また如来蔵と名く。無始の際より妄想これを翳《かざ》して自ら覚知せず。

（宗密『原人論』）

すべての人（有情）が本来具えている「本覚の真心」がキーワードであることは明らかである。もちろん真心とは、初めに『起信論』が、われわれの心を心真如（真心）と心生滅（妄心）に分けた真心であることは言うまでもない。それに「本覚」とあるのは、真心がもとより覚《さと》りの心であるからだ。空海が心を本心と妄念に分け、前者を仏心としたことを思い出していただければよい。この心は無始以来、自性清浄で、一塵を受けたことがない。ただ妄心（妄想）でもってそれを覆うがゆえに、われわれには見えていないだけなのだ。決してそれを失ってしまったのではない。しかし、われわれはこの本覚の真心があることを知らず、妄心を自分の心と思い、それでもって真心を翳《かざ》すがゆえに、現在生死に輪廻していることを忘れてはならない。

このように如来蔵思想というのは、人間というのは本来仏たる本性（仏性）を具えているけれども、それが煩悩（妄心）によって覆われているがために、生死に迷う衆生になっているということだ。仏と衆生の本質、あるいは自性は何ら変わりはないけれども、その覚・不覚がわれわれをして仏と衆生に分けているだけなのだ。白隠が『座禅和讃』の冒頭で「衆生本来仏なり」と言った意味はそこにあるが、衆生とは自分が本来仏であることを知らないで、徒に生死を繰り返しているわれわれ自身のことである。

仏性は不生不滅のものなれど
まよえば生死流転とぞしれ

（『一休道歌』）

われわれ衆生と仏の関係を少し異なる観点から説明したものに『不増不減経』があるので、それによりながら、さらに如来蔵について補足しておこう。

衆生界とは即ちこれ如来蔵なり。如来蔵とは即ちこれ法身なり……この法身の、恒沙《ごうしゃ》を過ぐる無邊の煩悩に纏はれ、無始の世よりこのかた世間に随順し、波浪に漂流して生死に往来するを、名けて衆生と為す。

（『不増不減経』）

衆生界というのは、われわれ衆生が生死に沈淪しているこの虚妄の世界（サンサーラの世界）のことであるが、それは如来蔵でもあるという。その意味は、われわれは今、生死に迷う世界にいるけれども、それはただ迷いの世界なのではなく、その内側に如来たる本性として優れた何か（法身）が蔵《かく》されているということだ。否、蔵されているという表現は正しくない。先に紹介したシャーリプトラの疑問に釈尊が、真実の世界（浄土）が見えないのはわれわれ衆生の咎（罪）であると答えたように、真実は蔵されているのではなく、われわれが妄心で覆うがゆえに見えていないだけなのだ。もし妄心を捨てて真心でもってこの世界を見るならば、それは如来蔵、つまり真実の世界そのものであるということだ。だから、われわれはこの世界（サンサーラの世界）を離れたどこかに真実の世界（ニルヴァーナの世界）を求めるのではなく、われわれが存在しているこの世界（衆生界）の中にこそ、真実は探し求められるべきものなのだ。

法身をここでは仏（仏身）と理解しておこう。また、われわれの身体がいずれ朽ち果てる仮の姿であるのに対して、それを真理の身体と呼ぶことができるだろう。われわれは衆生界という迷いの世界に生きていながら、仏たる本性（仏性）を具えている、まさに衆生本来仏なのである。つまり、われわれは生死の世界に沈淪しているけれども、仏（法身）である自分を失ったのではない。逆に言えば、われわれは本来仏でありながら生死の世界に甘んじているだけなのだ。なぜそういうことが起こりうるのかというと、「この法身の、恒沙を過ぐる無邊の煩悩に纏はれている」からと『不増不滅経』は言う。法身（真理の真体）を内に携えながらそれが煩悩に覆われているために生死に迷う衆生となっているということだ。

煩悩に纏われて六道（天・人・修羅・畜生・餓鬼・地獄）・四生（胎・卵・湿・化）の間を転々と輪廻している法身を「在纏位《ざいてんい》の法身」と呼ぶが、法蔵が「法身五道（六道）に流転するを衆生と名ずく」（『華厳五教章』）と言ったように、人間が在纏位の法身であるということと、衆生本来仏ということは同じ意味なのだ。

このように、如来蔵思想というのは人間を二つの側面から見ている。一つは無始よりこのかた煩悩に纏われて、生死に迷う常没の凡夫となっているが、その内側には今もなお真理の身体である法身（仏）を失ったことがないということだ。

以上、如来蔵思想を概観したところで、『大乗起信論』の「起信（信を起こす）」とはどういう意味かを簡単に説明しておくのがいいだろう。「起信」とは「自ら己《おの》が性《しょう》（自性）を信じ」（『起信論』53）と言い、また「自ら己身に真如法ありと信じて、発心し修行する」（『起信論』55）とあるように、われわれの内側にはもとより自性清浄な仏性（本性）があり、誰もがすでに真理（真如法）を携えている。釈尊もそれを覚って仏陀となったのだ。今のところわれわれは妄りに起こる煩悩に纏われて、それを見ることはできないけれども、内なる自性にはすべてが円に具わっており、満足して欠けるものがないことをまず知りなさいという意味なのだ。

「自性清浄」とは、すなわち是れ真如の自性、実有にして一切の有情の平等の共相なり。此れ有るに由るが故に一切法に如来蔵ありと説く。

（無著『摂大乗論』）

学問は真理の探求であるというが、宗教も同じように真理の探求と言える。もちろん、真理の概念はこれまで述べてきたように、仏性、自性、真如、如来蔵……と、学問のそれと異なることは言うまでもないが、それだけではない。まず宗教における真理は、先の引用からも分かるように、仏陀より古いということだ。ということは、そもそも始めから（もし始めがあるとするならば）真理は存在していたことになる。仏陀以前にも、また以後にも彼が覚った同じ真理を知った人は他にもいたはずだ。ただわれわれは今に至るまでそれを知ることもなく、ただ徒に生死の世界をさ迷っているのだ。

学問における真理の発見は、発見者の功績に帰すべき新たな発見となるのに対して、宗教における真理の発見は、決して新たに何かを発見することではない。学問を論じる大学人は、個々の人間に個性的かつ独創性を求めるが、宗教はそんなものを求めているのではない。もちろん、宗教的真理も個人によって発見されるものであるが、それは新たな発見ではなく、かってそれを体験的に知った人（覚者）と同じものを知ったに過ぎない。いわゆる真理の発見は他者から際出させるものとして賞賛されるであろうが、宗教における真理の発見は、かつて真理に到達した聖賢たちの流れに入ったと知るだけであって、それ以外の何ものでもない。そして、彼らは真理の前に深く頭を垂れて、他者を自らが知り得た同じ真理の道へと誘おうとしているだけなのだ。
宗教においては独創的な真理の発見などないのだ。もしそんなものがあるとしたらそれこそ怪しいものだ。そして、この事実は将来にわたっても変わらない。たとえわれわれが生死に迷う常没の凡夫であっても、その内なる真理（真如）は変わらず存在しているし、またそれを覚ったからといって、ことさら何かを手に入れるわけでもない。宗教的真理はいわば不増不減なのだ。「真如の自の体と相とは一切の凡夫と声聞と縁覚と菩薩と諸仏とにも増減することあること無く、前際《ぜんさい》に生じるにも非ず、後際《ごさい》に滅するにも非ずして畢竟《ひっきょう》して常恒《じょうごう》なり」（『起信論』61）。凡夫であれ、覚者であれ、その内なる根底に真理は恒《つね》に変わることなく存在している。仏教（『起信論』）はその根底を、「法界」あるいは「一法界」と呼ぶ。

禅にみる如来蔵

〝無〟を説く禅にも如来蔵思想がはっきりと表れている。まず道元から引用してみよう。

人人夜光の珠を握り、個々荊山《けいざん》の珠を抱く。
若《いか》んが回光返照《えこうへんしょう》せずして、甘んじて宝を懐いて邦《くに》に迷うことをせん。

（『道元禅師語録』）

ここで道元は仏性を「夜光の珠」「荊山の珠」と表現している。人は誰も内に「宝珠」を蔵しているのに、それを顧みようともしない。その結果、六道（天・人・修羅・畜生・餓鬼・地獄）

の邦に迷い、四生（胎・卵・湿・化）の流れに従って、いつまでも生死を離れることができないでいる。誰がそれを強要したわけでもない。内に抱いた仏性を捨て置いて、自ら甘んじて生死の世界に沈淪しているだけなのだ。外に向かう目を内に回光返照して、仏性を覚ることができたら、たちまち生死の世界（サンサーラの世界）は涅槃の世界（ニルヴァーナの世界）になるというのに、われわれの関心はあまりにも外側にあるために、いつしか内に蔵した「宝珠」を忘れているのだ。これなどは典型的な如来蔵思想と言えるだろう。

また六祖慧能に嗣ぐ玄覚は、

摩尼珠　人識《し》らず
如来蔵裡に親しく収得す

（永嘉玄覚『証道歌』）

と詠んでいる。「摩尼珠」が仏性に当たることは明らかであるが、人間は誰もがそれを持っているけれども、そのことに気づいている人はいない。しかし、私は心の内奥（如来蔵裡）に摩尼珠が確かにあることを経験から知っている。

ここに一顆《か》の珠あり　終古　人の委《す》つるなし
……………………
明珠は元と我が方寸に在り
光は日月を蔽うて方隅を超え

彩は眼睛《がんぜい》を射て正視し難し
これを失えば　永劫苦海に淪《しず》み
これを得れば　登時《たちまち》彼岸に游《あそ》ぶ

（良寛『草堂詩集』）

良寛は仏性を「一顆の珠」とか「明珠」と言う。それはもともとわれわれ自身の心の奥に存在するものであり、古より誰もそれを棄て去った者はいない。それはかつてあったし、今もあり、たとえあなたが生死の世界をさ迷っていようとも、それはいつもあなたと共にあり、その明珠の耀きは太陽や月をも超え、とても正視できないほどのものなのだ。しかし、この一顆の珠を覚ることができなければ、あなたは永遠に生死の苦海（サンサーラ）に身を淪めることになるだろう。逆に、それを覚るならば、あなたはただちに涅槃の世界（ニルヴァーナ）に遊ぶことができると彼は言う。

このように禅は「宝珠」、「摩尼珠」、「一顆の珠」、「明珠」と、さまざまに仏性あるいは如来蔵を譬えてきた。いずれもわれわれは常にそれを携えているけれども、かつて一度たりともそれを省みたことがなく、そのためにかえって生と死を繰り返す常没の凡夫に甘んじている。もしこれを見失えば生死の苦海を転々とすることになるが、幸いにもこれを知ることができたら、たちまち悟りの彼岸の世界に遊ぶと彼らは見ているのだ。

一法界と妄境界

われわれの心（衆生心）に心真如（真心）と心生滅（妄心）の二相があり、真心に現れた世界を一法界の世界と呼び、この「一」が重要な意味を持つのだが、『起信論』はこの差別もなく、平等一味の真理の世界へわれわれを連れ戻す意図を持って書かれている。「心真如とは即ち是れ一法界にして、大総相、法門の体なり。謂う所は心性の不生不滅なり」（『起信論』25）。一法界（法界一相）、あるいは一元性の世界に帰り行くこと、同じことであるが心真如（真心）を知ることが『起信論』全体の目的なのだ。イスラーム神秘主義（スーフィズム）の代表的な思想家であるイブン・アラビーが言う存在一性の世界もこれに当たる。

この引用では心真如を心性と言い換えているが、すでに説明したように内容は同じである。われわれが普通に心と言うのに対して、心の本性ということであり、心が生滅する時間であるのに対して、心性は不生不滅という意味において永遠である。その心で捉えたとき、世界は一法界として顕れるが、われわれの現在の心（妄心）で捉えると、そこは二元葛藤する妄境界となる。そして妄境界とは心が妄りに起こるがゆえに、境界も妄りに起こるという意味であり、それを『起信論』は「一切の境界は唯だ妄りに心が起こるが故に有る」と言う。

言うまでもなく、現在われわれは一法界（一元性）の世界を見ているのではなく、生死、善悪、愛憎、美醜、是非、幸不幸……など、二元相対する差別の境界を見ている。このようなさまざまな境界を作り出すために、世界は複雑に錯綜し、問題はさらなる問題を作り出していく。そして、それはどこから生じてくるのかというと、われわれ自身の心（妄心）であり、妄りに心が起こるがゆえに、二元葛藤するさまざまな境界が現れてくるのだ。従って、その原因である妄心を離れ、真心を知るならば、われわれは二元性の世界を離れて一元性の世界（一法界）に帰っていくであろうと『起信論』は見ているのだ。「一切の諸法は唯妄念（妄心）に依りてのみ差別あるも、若し心念（妄心）を離るるときは則ち一切の境界の相は無ければなり」（『起信論』25）。

このように、一元性の世界（一法界）と二元性の世界（妄境界）の相違はわれわれの心に依る。心真如（真心）が捉えているのが一元性の世界であり、心生滅（妄心）が捉えているのが二元葛藤するわれわれの世界なのだ。では、なぜわれわれの心（妄心）に二元性の世界が現れてくるのかと言うと、われわれの心というものが、仏教が言うところの「分別心」（ここで言う分別とは良い意味では使われていない）、すなわちあらゆるものを二つに分けて見る「妄分別」であるからだ。つまり、われわれの心は、「一」なる方向に向かうのではなく、妄りに分別を加え、さまざまな二元相対する境界を作り出すことによって、かえって多くの問題を背負い込み、徒に混乱しているのだ。われわれの心そのものが、愛といえばすでに憎が一方に予想されているように、二元性しか理解できないのだ。イスラーム神秘主義の偉大なシェイフ、ルーミーは言う。

愛情の世界に比すれば憎悪の世界は狭い。人が憎悪の世界を厭うて、愛情の世界に遁がれようとするのを見てもそれが分かる。けれど、その愛情の世界も、愛憎二つながらの源であるかの世界に比すればまだまだ狭い。愛と憎、そういうものは二元論に陥ることを免れぬ。かの世界は愛憎の彼方にある。このように、愛情ですら二元論の源である。そして、二元性の跡もなく、純粋一元性の世界も存在する。とすれば、その一元性の世界に到達した人は、愛も憎しみも共に超えた人でなければならない。その世界には二元性の入る余地は全然ないのだから、そこに至った人は完全に二元性を超越しているはずである。従ってまだ二元性の支配していた最初の世界、つまり愛情や友情の世界は、今やその人が移ってきた一元性の世界に比すれば、どうしても低級と言わざるを得ない。

（『ルーミー語録』）

われわれの日常経験は何かといえば、われわれの内側から妄りに心が起こってくると、さまざまな事柄が喚起され、そこでいろんな経験をすることになるが、ルーミーも言うように、自ら作り出した愛憎をはじめとするさまざまな二元性に一喜一憂しているに過ぎないということだ。

良寛が「うらを見せおもてを見せてちるもみぢ」（『はちすの露』）と言うのも、まさにわれわれの世界を詠んだものだ。ここは二元相対の世界であり、いろんな意味で裏表の世界である。裏と表を見せながら、また経験しながら、結局人生という旅は過ぎて行く時間であり、生滅するわれわれの心（妄心）が実は時間を紡ぎ出し、すべてはいつか終る。こういう世界にわれわれは生きながら、やがて独りこの地上を去っていく姿は、晩秋にひとつ、またひとつと寂しくも散り行く紅葉そのものではないか、と彼は言うのだ。

また慧能は、このように死に急ぐ人間の姿を見て、「波波《はは》として生を渡る」と言った。生死、愛憎、得失、好悪、喜び、悲しみ……と、妄《みだ》りがわしくいろんな経験をする人間は、まるで波が次々と起こっては消えるように、死に急ぎ、慌しく、落ち着くということがない。それでいて死の去り行くところを知らない。それが今われわれがいる、生死際なき輪廻の世界なのだ。

一元性の世界（ニルヴァーナの世界）も存在しているけれども、それを知ることもなく、われわれは二元相対の世界（サンサーラの世界）を自ら作り出し、生まれたといえば喜び、死に遭遇しては悲しみの涙を流す。その悲喜の涙は、あなたが一法界（一元性）の世界を知るまで続くと宗教は見ているのだ。

このような世界の見方はユダヤ神秘主義にもある。例えば、生涯をカバラーの研究に捧げたショーレムは、その主著の中で次のようなことを言っている。

ユダヤ神秘主義は創造を『上方世界』と『下方世界』の二つにわける。そして両者の相違はもっぱら「上方の秩序」においては、神のダイナミックな統一が支配しているのに反し、「下方の秩序」では分化と分離が行われることにある……だが一層深くものを見るものの目にはこの孤立も単なる仮象に過ぎない。神秘主義的瞑想の中で事物を見ると、万物は一つのものであることが分かると。

（ショーレム『ユダヤ神秘主義』）

われわれは分化と分離が行われる二元相対の世界しか見ていない。というよりも、それしか見えていないと言った方が正しいが、一層深くものを見るもの、すなわち、われわれが今後問題にすることになる瞑想の人の目には、万物は一つのもの（『起信論』が言う「一法界」に相当する）であることが分かると彼は言う。

では実際に、瞑想の中で人が見た世界はどのように映っているのであろうか。『イーシャ・ウパニシャッド』の冒頭にある「祈祷」を例に見てみよう。

purnam adah, purnam idam, purnat purnam udacyate
purnasya purnam adaya purnam evavasisyate

あれもこれもどれひとつとして全体でないものはない。それらは全体から生じてくる。しかし、全体からそれらを取り出しても、そこには依然として全体が残る。

(Isa Upanisad)

purna という言葉は、すべてが満たされた一なる全体を意味する。つまり、小さな一粒の砂の中にも全体が顕れ、すべては円に具わり、何ら欠けるものがない。そして、全体のどこを切り取っても、そのために全体は何も失うことはなく不増不減であるということだ。一法界の「一」とはそういう充溢（プレーローマ）を意味している。この一にして全体を、禅宗三祖の僧璨は「一即一切・一切即一」と言った。しかし、これを知るのは、深い瞑想の中で自らが完全で欠けるものがないと知った者だけなのだ。なぜなら、われわれもまた全一なるものから現れ出たもののであるからだ。しかし、そうと知る者が少ないであろうことは、われわれはいつでも何かが欠けていると思い、卑近な物への執着は言うに及ばず、知的な欲求も、裏返せばわれわれが欠如態にあることを示している。

この見るものすべてが一にして全体を現しているという思想に近づいているものを挙げるならば、それはよく知られた英国の詩人、ブレイクの次の一節である。

To see a World in a Grain of Sand　一粒の砂のなかに世界を見て
And a Heaven in a Wild Flower　野に咲く一輪の花に天界を見る
Hold Infinity in the palm of your hand　掌の中に無限をとらえ
And Eternity in an hour　一時の中に永遠を観る
(W. Blake; Auguries of Innocence)

一粒の砂、一輪の花の中に全世界が顕れている。否、どんなに小さなものの中にも、たとえそれが一塵であっても、そこにすべてが円かに顕現している。良寛もまた、「あわ雪の中にたちたる三千大千世界《みちあふち》またその中に沫《あわ》雪ぞ降る」と詠んだように、一片の泡雪の中に全宇宙（三千大千世界）が顕れ、その中にまた泡雪が舞っている。そして、どんなものもかつて一度も、時間に触れたことがなく純粋であり、一刹那の中に永遠が顔を覗かせている。それは二つの世界が存在するというのではなく、深い瞑想の中で事物を見るとき、われわれの時間や空間の概念には収まらない全一なる世界がそこに顕現してくる。『起信論』的に言えば、われわれの心真如（心性＝真心）の世界においてはそう見えてくるというので、「心真如とは即ち是れ一法界にして、大総相、法門の体なり」と言ったのだ。

真如と言葉

言葉というものは、コミュニケーションの手段としてなくてはならないものであるが、言葉巧みに人を誑かし、相手を傷つける暴力ともなる。そんなどちらにもなりうる言葉でもって、一元性の世界（一法界）を表現することはもとよりできない。一法界の世界は「言説の相を離れ、名字の相を離れ」と言われるように、宗教が求める究極の真理（真如）は本来言葉を離れ、文字によってかつて書き記されたことはない。それは、プロチヌスが『エネアデス』の中で、真理は「語られもせず、記されもせず」と言ったこととよく符合する。

さらに『起信論』は「心縁の相を離れ」と言う。心縁というのは心に思うことであるから、真理はかつて人の心に思い浮かんだことのないもの、言い換えれば、われわれが思考を巡らせることによって真実の世界が分かるのではないということだ。『起信論』がわれわれを連れ戻そうとする一法界の世界は、かつて語られたこともなければ、文字として記されたこともなく、そうかといってわれわれが思考を巡らせることによっても知ることのできないものである。

それでは真理を知る上で、言葉はどんな意味を持ってくるのであろうか。それにはまず、心と言葉の関係はどうなっているかを明らかにしておかねばならない。心が妄りに起こるということは、さまざまな思考や観念が、良い意味でも、悪い意味でも妄りに起こってくるということだ。しかし、言葉なくして、観念も思考もありえないから、心が妄りに起こるということは、言葉としてさまざまな想念が喚起されてくるということだ。つまり、心と言葉というものは分かちがたく結びついていて、言葉という形をとっていろんな想念が引き出されてくることになる。

ところが、言葉というものは「一切の言説は仮名にして実無く、但妄念に随うのみ」と言われるように、真理を表し得ないどころか、ただ妄りに起こるわれわれの心（妄念）が生み出した記号（仮名）に過ぎないと『起信論』は見ているのだ。

妄りに心が起こるということは、言葉でもってさまざまな思いを表現することだ。われわれは言葉を尽くして、是非・善悪を論じ、いろんな価値や意味を自分なりに勝手に造り出すが、かえってさまざまな問題を抱え込む言語ゲームの世界、すなわち戯論の世界へと入っていく。しかし、そういう心（妄心）を離れていくならば、やがて言葉というものが消え、次第に沈黙の世界へと入っていくであろう。このように「理尽き詞（言葉）究まる処において」（白隠『藪柑子』）、初めて真実の世界（一法界）は見出されてくるのだ。だから、言葉というのは、とりわけ真理に至る実践の道を辿ろうとする場合、ただ言葉を離れるために言葉を利用するに過ぎない。そこを『起信論』は「言説の極、言に因って言を遣《や》る」と言う。言葉が極まるところに真実の世界は存在するということだ。

語りえぬものについては、沈黙を守らざるをえない。

　真理は究極において言葉の世界ではなく、言葉を離れた沈黙の世界なのだ。つまり、言葉というものは、宗教においては、ただ沈黙の世界に入っていくための道しるべとして、言葉を使っているだけであって、言葉そのものに真実があるのではなく、言葉を離れ、全き沈黙と深い瞑想の中で真理の何であるかを知るということだ。それを簡潔に表現したものが「離言真如」なのだ。一切の言葉、あるいは一切の言語ゲームが終るところに真理（真如）は了々と顕れてくる。そして、心を離れるということと言葉を離れるということは同じことなのだ。

　真理を知る、あるいは見るためにわれわれは一度は心と言葉の世界を離れる必要がある。だから、黄檗は「仏の一切の法を説くは、一切の心を除かんが為なり」（『伝心法要』）と言い、プロチヌスもまた先の引用を「われわれが語ったり、書いたりするのは、ただ人をかのものの方へと送りつけて、語ることから観ることへと目覚めさせるだけなのであって、それはちょうど何かを観ようと思う人のために道を指し示すようなものである。すなわち、道は教えられるけれども、それを見ることは、そう願った人の仕事なのである」と結んでいるのだ。

　このように、真理（真如）を知るためには言葉を遣《や》る（除く）ことが求められてくるが、

　この真如の体は遣るべきものあること無し、一切の法は悉く皆真なるを以ての故なり、亦《また》立すべきものも無し、一切の法は皆同じく如（真如）なるを以ての故なり。

（『起信論』25）

と言う。「離言真如」とは文字通り言葉を離れたところが真実の世界であるという意味であるが、「この真如の体は遣るべきものあること無し」とあるように、われわれが観念や思考、同じことであるが言葉というものを通して、真如（真理）を覆っているだけであって、心を離れ、言葉を離れた、そこがもとより真実の世界であり、そこでは捨て去るものは何もない、もとより真理は存在していた。ただ、われわれが心（妄想煩悩）、あるいは言葉（戯論）でもって、ヴェールをかけていたがゆえに、内側にある真実の世界が見えなくなっていたのであり、それを除けば、真理はたちまちその本来の姿を顕してくるというのだ。

われわれ人間が妄心で以って真実を覆うがゆえに、見るものことごとくが虚妄の世界（妄境界）になってくる。そんなところでわれわれは是非・善悪を喋々と論じはするが、一向に埒があかないばかりか、ますます混迷を深める戯論の世界へと入って行く。ところが、妄心を捨てて真心で見るならばすべてが真実となって顕れてくる。『起信論』の言葉で言えば「一切の法は悉く皆真なるを以ての故なり」となるだろう。そして、この見るものすべてが欠けることのない真理を顕わしているという体験が悟りの体験であり、またそのように見た世界を「一法界」と言うのだ。

見るものすべてが真実（真如）となったものにとって、さらに付け加えるべきものなど何もないということで、『起信論』は「立すべきものも無し」という。つまり、言挙げするようなものは何もないということだ。むしろ、言挙げを必要とするのは虚妄だけであり、その証拠にわれわれはこれまで主義、主張、理念など、いろいろと声高に叫んできたが、一体それが何を生み出したか、少し歴史を顧みれば分かるはずだ。そんなものはすべて心（妄念）の生み出した妄想であり、結局、政治的、思想的、経済的に混乱を招いただけであり、総ては崩れていった。これからも人間が心というもの、同じことであるが、実体のない単なる言葉を連ねた思考の本質を根本的に問い直さない限り、立ち上げてはどんどん崩れていくことだろう。『起信論』は、われわれの心（妄心）の捏造に過ぎない二元葛藤する妄境界（二元性の世界）が終るところに真実の世界（一元性の世界）は顕れてくると見ているのだ。

真如──空と不空

『起信論』はさらに、われわれが辿ろうとする究極の真理（真如）を空・不空の二つの側面から説明する。真理、あるいは真実なるものは空であり、かつまた不空であると言うのだ。

真如には言説によって分別すれば二種の儀あり。いかが二となす。一つには如実空、よく究《く》竟《きよう》して実を顕わすを以ての故なり。二つには如実不空、自体ありて、無漏《むろ》の性功《しよう》徳を具足するをもっての故なり。

（『起信論』27）

「如実空」の如実とは、この場合、『起信論』の新訳から推して、真実なるもの（真如）を指している。究極のリアリティには、われわれの心が作り出す善悪、美醜、生死、愛憎、快苦……そういった差別の相は一切ないという意味なのだ。われわれが心を離れ、言葉が極まる沈黙の世界へと辿り着くならば、そこはもとより真実の世界であるというので「よく究竟して実を顕わすを以ての故なり」と言う。われわれはこの心（妄心）によって真実を覆い、見えなくなっているのであるから、その心を離れさえすれば、自ずと二元葛藤する差別の世界も消え、その後には究極のリアリティが顕現してくる。「一切の衆生は妄心あるを以て、念念分別して、皆相応せざるに依るが故に、説いて空と為す。若し妄心を離るれば、実には空ずべきもの無きが故なり」（『起信論』27）。このように、われわれが心（妄心）でもって一瞬一瞬（念念）に分別し、心ゆえに二元相対の世界が現れ、真実の世界を翳しているのであるから、われわれが空ずべきは、あるいは離れるべきは自分自身の心（妄心）であり、その心を離れることさえできればそれでいいと理解しているところが、『起信論』の「空」理解の非常に重要なところなのだ。

しかし、心を空ずると、後には何もないのかというと、そうではなく、釈尊の悟りの内容が「奇なるかな、奇なるかな、一切衆生は皆、如来の知恵・徳相を具す」であったことを考え合わせても、「自体ありて、無漏の性《しょう》功徳を具足す」となるのは明らかである。心を空じ、善悪、生死など二元相対する世界を離れることは決して無に帰してしまうのではなく、真実ならざるもの（妄境界）が空じられるだけであって、真実なるもの（一法界）までもがなくなってしまうのではないから、『起信論』は「如実不空」と言う。しかし、不空をこのように説明すると、またしてもわれわれは形に捉われ、何かをイメージするとすれば、それは正しくない。だから『起信論』は「まさに知るべし。真如の自性は有相にもあらず、無相にもあらず」と戒め、形（相）の有無に囚われてはならないと注意を促しているのだ。

アーラヤ識

仏教はわれわれ人間が生死に輪廻しているその根底に何があるかを探っていったとき、人間の意識の深層にアーラヤ識（阿頼耶識）なるものを見出してきた。瑜伽行唯識派の思想家たちによって整備されてきたこの深層意識は、われわれが生死に迷う根本意識（根本識）と見なされていることから妄識と言えるだろう。

ところが『起信論』は、「不生不滅と生滅と和合して一にも非ず異にも非ず。ここを名づけて阿黎耶識《ありやしき》となす」と言って、アーラヤ識を阿黎耶識と言い換えているが、何よりも、従来理解されてきたアーラヤ識が妄識であるのに対して、『起信論』はアーラヤ識を真妄和合識と理解してくるところに大きな違いがある。では、なぜ『起信論』がこれまで妄識と理解されてきたアーラヤ識に真識を合わせ理解することになったのであろうか。

それは『起信論』が初めに、われわれ人間の心に心真如（真心）と心生滅（妄心）の二相があるとし、さらに人間を如来蔵的に理解しようとしたことと深く関係している。つまり、人間は生死に迷う衆生であるけれども、本来は仏であるとする限り、これまでのようにアーラヤ識を一方的に妄識とはできなかったであろう。さらに『起信論』がわれわれの心を心性（真心）と心（妄心）の二つに分け、心性は不生不滅の永遠であり、心は生滅する時間と考えていたことからも、アーラヤ識を真識と妄識の和合識とせざるをえなかったことは容易に察せられる。

仏教の場合、永遠という言葉は使わないが、それに代わるものが不生不滅であり、生まれることもなければ滅びることもないという意味だ。つまり、始めもなければ終りもないというのが仏教の言う永遠であり、ニルヴァーナの世界なのだ。一方、時間を生滅で表すが、生じたものは必ず滅びるということで時間であり、サンサーラの世界なのだ。永遠というのは無限の時間でないことは、仏教（宗教）を考える場合に考慮しておかねばないことの一つだ。

アーラヤ識を真妄和合識と理解することで、人間を時間と永遠の総合として理解することが可能になる。言い換えれば、生死と涅槃のいずれも可能になるということだ。そこを『起信論』は「不生不滅と生滅と和合して、一にもあらず異にもあらず」と言い、永遠と時間、あるいは涅槃と生死いずれにもなりうるのが、『起信論』におけるアーラヤ識理解であり、それらは「非一非異」の関係にある。全く同じだと言えないけれども、さりとて異なるとも言えないと。

このように、真妄和合識として理解されたアーラヤ識は当然のことながら二つの側面を持つことになる。

この識に二種の義ありて、よく一切の法を摂《しょう》し、一切の法を生ず。如何が二となす。一には覚の義、二には不覚の義なり。

（『起信論』29）

アーラヤ識が真識ならばわれわれは「覚（悟り）」となり、よく一切の法を摂して、一法界の世界（ニルヴァーナの世界）へと帰っていくが、妄識ならば「不覚」となり、一切の法を生じて、生々死々する妄境界（サンサーラの世界）へと退転する。

不覚ならば、われわれは一法界の世界を離れ、六道・四生に迷う衆生となって、妄境界の世界を転々とすることになるから、これを流転門と呼ぶ。逆に、覚ならば、迷いの存在を再び摂して一法界の世界に帰っていくから、これを還滅門と呼ぶ。もちろん、この二門が『起信論』の生滅門と真如門に当たることは言うまでもない。後者のプロセスはまた「摂末帰本」とも呼ばれ、文字通り「末を摂して本に帰る」という意味であるが、ここで「末」とは生々死々を繰り返している妄境界の世界（サンサーラの世界）を指し、「本」とはわれわれがいつか帰るべき一法界の世界（ニルヴァーナの世界）を言う。われわれは不覚ならば「末」へと流出し、覚ならば「本」へと還帰するとなろうか。

次いで『起信論』は「言う所の覚の義とは、心体の離念なるを謂う。離念の相は虚空界に等しくして、偏せざる所無ければ、法界一相なり、即ち是れ如来の平等法身なり」と言い、覚（悟り）とは「心体の離念」であると言う。心体というのは心の本性（心性）を言い換えたものであり、心体はあらゆる念（心）を離れた悟りそのものであるということだ。真妄和合識であるアーラヤ識から妄識が除かれ、真識となったところが覚（悟り）ということになるだろう。

これは『起信論』がわれわれ人間を心（念）を離れた「離念の境界」に連れ戻す意図でもって書かれていることともよく符合する。われわれは現在、念々に相続する心（妄念）ゆえに生死の妄境界を転々としているのであり、『起信論』がわれわれの心（衆生心）を真心と妄心の両面から理解し、また、真識と妄識の和合識として理解されたアーラヤ識の覚（悟り）が「心体の離念」で説明されていることを考え合わすと、『起信論』の心とアーラヤ識は殆ど同じ意味で用いられているようだ。いずれも真・妄の両面からみているところに『起信論』における心とアーラヤ識の特徴がある。

後に『起信論』は、真妄和合識から妄識を除くことを「和合識の相を破し、相続心の相を滅し、法身を顕現する」と言ってくる。真識がいわば妄識に覆われているというのが真妄和合識であるから、妄識を破して真識となっていくことを「和合識の相を破す」と言ったと考えられる。そして「相続心」というのは、われわれの心（妄心）が妄りに起こって、途絶えることがないから生々死々は続くとされた心である。つまり、私たちの心は生滅を繰り返しながら、途絶えることがないという意味で生滅心、あるいは相続心と言われる。その相続心を滅することができたら、その後に法身が明らかに顕れてくるであろうというのだ。法身というのは「本覚の法身」と言われるように、妄識あるいは妄心が除かれると、そこに悟り（本覚）の身体である法身（真理の身体）が顕れてくる。換言すれば、不覚から覚、すなわち迷いのサンサーラの世界から悟りのニルヴァーナの世界へと帰っていくということだ。

従来の瑜伽行唯識派は「阿頼耶識を転じて法身を得る」（『摂大乗論』）という表現を好んで用いる。ところが、『起信論』は「真妄和合識の相を破して法身を顕現する」と少し違う。意識、あるいは心の捉え方が異なるために、前者は「転じて」と言い、後者は「破して」と言う。このように妄識として知られているアーラヤ識では「転」ということが非常に重要視される。例えば、「転依」あるいは「転識得智」などと言われ、要するに迷いの根拠であるアーラヤ識を転じて、知恵・徳相を具えた法身を得るという意味である。しかし、法身を得るということで言うならば、『起信論』も和合識の相を破して法身を顕現するということだから、目的は同じなのだ。

さらに、その目的に至る方法論も同じなのだ。例えば、『大乗荘厳経論』が説く「転識得智」のプロセスの基本は奢摩他・毘鉢舎那（止・観）であり、『起信論』の場合も、真妄和合識の相を破していくプロセスは止観双修である。いずれも目的とそこに至る方法論は同じなのだ。

心源——大海水波の比喩

『起信論』における心の理解として決して看過できないものに心源がある。なぜ心源が『起信論』におけるキータームと考えられるかというと、

心源を覚するを以ての故に究竟覚《くきょうかく》（悟り＝仏）と名づく、心源を覚せざるが故に究竟覚に非ざればなり。

（『起信論』29）

とあるように、この心源を覚ることが『起信論』における悟り（究竟覚）を意味し、われわれが知るべき究極のものを知ったことになるからだ。言うまでもなく、心源とは心の本源という意味

であり、それはもとより浄いということで本源清浄心、あるいは自性清浄心とも言う。心と心源は先に挙げた、妄心と真心、妄念と本心、心と心性などと同じ関係にあるが、果たして仏教は、心をその本性において知ることの大切さをことあるごとに主張する。実際、心の本性（真心）を知ることが存在の意味を知ることでもあり、心の本源以外あなたが辿るべきところなど本当はどこにもないのだ。というのも、心の本性（本心）はもとより仏であるからだ。

自らの本心を識《し》り、自らの本性を見れば、即ち仏となづく。

（慧能『六祖壇経』）

ではこれらはいかなる関係にあるのだろうか。心源は心の本源という意味であることからも容易に察せられることは、それぞれ二つは離れて存在しているのではないだろうということだが、さりとて全く同じとは言えない。なぜなら、われわれが普通に心と呼んでいるものは心源（本心）から妄りに湧き起こる妄心（妄念）であり、その結果われわれは生死に迷う常没の凡夫に甘んじているのに対して、本源清浄心（心性）はいかなる心（妄心）によっても汚されることのない真心であり、それどころかあらゆる知恵・徳相を具えた悟りの心そのものであり、空海に至ってはそれを仏心と呼んだものであるから、その違いは歴然としている。このような関係にある心のメタファーとしてよく使われるのが『起信論』にも見える大海水波の比喩である。

波はもちろん妄りに起こる心（妄心）を指している。心は次々と現れては消えていく波のようなものであり、一方、心源は、たとえどんなに波立っていようとも、その底には漫々と水をたたえ、限りなく広がっている海に譬えられる。しかし、今のところわれわれは、この波に過ぎない心を自分の心と見誤り、良くも悪くもその心に惑わされ、徒に混乱して、その内側に始めもなければ終りもない心（真心＝本源清浄心）が果てしなく広がっていることに全く気づいていない。

また、波立っている表面を現在われわれが存在しているサンサーラの世界とするならば、その水面下に広がっている寂静の水底をニルヴァーナの世界と見ることができるだろう。その違いはもちろん心と心源、すなわち妄心と真心の違いによることはすでに繰り返し述べてきたが、われわれは今のところ表面に現れた波だけを見ているために、波は海を離れて存在しないことが分からない。つまり、サンサーラの世界はニルヴァーナの世界を離れて存在しないことが理解できず、ただ闇雲に駈けずり、互いに衝突しながら、文字通り波々《はは》として死に急ぐ。しかも、その理由といったら、周り中の誰もが忙しく走っているのに、自分だけそうしないわけにはいかないというものだ。

生じては消える波は海を離れて存在しないが、海は波がなくとも常に変わらず存在している。逆巻く波も、風が止めば静かな海へと帰っていく。波は本来海であり、その上に浮かび上がった一瞬の戯れと知ることができたら、われわれの生に対する姿勢も全く違ったものになるだろう。しかし、われわれはこの波のように儚い生に取りつかれ、その源に永遠なるニルヴァーナの世界があることを知らず、波々として生と死を繰り返すサンサーラの世界で、一瞬たりとも落ち着くということがない。

人生一百年　ただようこと水上の蘋《ひん》のごとし
波に随って虚しく東西し　波を逐て休むときなし

（良寛『草堂詩集』）

われわれは形ある波しか見ていないために、その水面下に形なき永遠の世界が常に変わらず存在していることに気づいていない。形あるものは形なき空なるものから立ち現れてくる。形なき世界もあるのだが、ただわれわれの肉の目に見えていないだけなのだ。そして、この形なき世界はわれわれの世界よりも前にもあったし、たとえわれわれの世界が崩れ落ちようとも変わらず存在していることだろう。というのも、海は波が起こる前にもあったし、波が消えた後にも、海は人の世の空騒ぎなど何事もなかったかのように再び静寂を取り戻すだけであるからだ。しかし、そうと知るものは形なき根源の世界（一法界）を知ったものに限られるのだ。

さて、われわれ人間の問題はどこにあるのだろう。『起信論』における悟りとは心源を覚ることであり、それは誰もがもとより具えている本源（自性）清浄心である。海が波立つのは風が吹くときであり、風が止むと海は自然に静寂を取り戻す。サンサーラの迷いの世界が妄心によることはすでに繰り返し述べてきたが、そうすると問題は、なぜ心は妄りに起こるかということになるだろう。『起信論』は「無明の風」によってわれわれの心は波立つと言う。

衆生の自性清浄心も無明の風に因りて動ずる。

（『起信論』33）

第一章　認識論―不覚無明

無明の忽然念起

『起信論』における悟りとは、自らの心の本源（心源）を覚《さと》ることであった。心源はもとより清浄であり、空海はそれを「仏心」、宗密は「本覚の真心」と呼び、すべての人が本来具えている仏性である。しかし、そこに「無明の風」が吹くと、妄りに心が生じ、われわれはサンサーラの世界へと入っていく。そして、この迷いの心である妄心を自分の心と思い、われわれは本来の心である自性清浄心を忘れてしまうのだ。しかし、それは忘れられているだけであって、決して失われてしまったのではない。

この心は、本よりこのかた、自性清浄なるに、しかも無明あり、無明のために染《ぜん》せられてその染心《ぜんしん》あり、染心ありといえども、しかも常恒《じようごう》にして不変なればなり。

（『起信論』43）

ここに染心とあるのは、言うまでもなく、自性清浄心に対して、現在われわれが生きている心

（妄心）を指している。われわれの心は、無明のために染心（妄心）となって、生死の世界で真実も分からないまま、ただ徒に混迷を極めるばかりで、それがどこに行き着くかを知らない。ともあれ問題は、もとよりわれわれが具えている自性清浄心も無明の風に依って動ずると言われた無明（avidya）が、一体どこから生じてくるかということだ。

悟りが心源を覚ることならば、迷いは心源の不覚に依る。心源の覚・不覚が悟りと迷いを分けているのだ。心源を自性清浄心、心性、真心、本心、何と呼ぼうといいが、これを覚ることができないと、そこに心が妄りに生じてくる。するとたちまちわれわれは、一法界の悟りの世界（ニルヴァーナの世界）を離れ、二元葛藤する迷いの世界（サンサーラの世界）へと退転してくる。この不覚によって、忽然《こつねん》と心（妄心＝染心）が生じてくるところを『起信論』は無明と捉え、それを「無明の忽然念起」と言う。

謂《い》う所の心性は常に無念なるが故に、名づけて不変と為し、一法界に達せざるを以ての故に、心に不相応にして、忽然として念の起るを、名づけて無明と為せばなり。

（『起信論』45）

心性はもとより清浄であり、不生不滅という意味で永遠である。ところが、この心性（本源清浄心）の世界（一法界）を覚り得ないと、心（妄心）が揺らぎ始める。そこを指して無明と言う。簡単に言えば、無明とは心源の不覚であり、それを『起信論』は「不覚無明」とも言う。この不覚無明によって忽然として心が起動し始めると、われわれは一法界の真実の世界ではなく、二元葛藤する生死の世界（妄境界）を捉え始めるのだ。このように「不覚にして念（心）を起こし、諸々の境界を見る」ところを『起信論』は無明（avidya）と呼んだ。

この不覚無明ゆえにわれわれが生死輪廻する世界に入ることを、禅の思想家馬祖は「一念の妄心はすなわちこれ三界生死の根本なり」と言った。つまり、心源を覚ることができず、一念の妄心（心）が一瞬動いたとき、われわれは三界生死の虚妄の世界（妄境界）に足を踏み入れることになるという意味だ。われわれは人間がなぜ生死の世界を転々とすることになったかを説明しないが、不覚無明によって、わずかでも心（一念の妄心）が動くと、たちまちわれわれは生死輪廻する世界に入る、その根本に無明（根本無明）があると見ているのだ。

心病衆《おほ》しといへどもその本は唯し一つのみ、いはゆる無明これなり。

（空海『秘密曼荼羅十住心論』）

われわれが徒に生死を繰り返す根源に無明があることは、よく知られた仏教の教義の一つである「十二支縁起」からも明らかである。十二支縁起はわれわれが生を受け、やがて死に至るプロセスを誕生以前にまでさかのぼり、全体を十二の段階で説明したものであるが、その始めに無明があり、続いて行、識、名色、六処、触、受、愛、取、有、生、老死へと至る。釈尊の出家の動機ともされる生・老・病・死の根本問題も、その根源に無明があったということだ。

老いはわれわれが無意識のうちに避けてきた死が遠くないことを示している。しかし、生もまたあなたが望んだものではない。生も死もわれわれが望んだものではないにもかかわらず、われわれは六道・四生の間を往還し、生死は尽きることがない。この一見どうしようもない矛盾を説明しているのが仏教における無明と言えるだろう。

それ生は我が願ふにあらず。無明の父、我を生ず。死はまた我が欲ふにあらず。因業の鬼、我を殺す。

（空海『性霊集』）

このように生死の根源に無明があり、この根本無明からわれわれは生々死々する輪廻の世界を独り巡っているのだ。生まれてくるのも独りなら、死に行くのも独りである。生の始めと終りが独りなら、その間（あわい）もまた独りなのではあるまいか。

六道輪廻の間には　ともなう人もなかりけり
独うまれて独死す　生死の道こそかなしけれ

（『一遍上人語録』）

今後ますます重要になるであろう生死の問題は無明に行き着いた。生死の問題は、ただ誕生と死を見ているだけでは解決されないということだ。延命のみに終始してきた医療技術の進歩にもかかわらず、個々の人間の死への恐怖はいつの時代も変わることがない。そして、一度は祝福された生（誕生）が厭うべき死というか、悲しむべき死でもって終るとは、われわれは一体いかなる生を生きているのであろうか。アウグスチヌスが「自分はどこからこの世にやってきたのか知らないのです。それは〈死せる生〉というべきか、〈生ける死〉というべきか、これも知りません」と言ったように、もしかしたらわれわれは、本当の生命に触れたことはもちろん、これまで一度も生きたことさえないのかもしれないのだ。

そして、あなたが本当に愛の人なら、死の床にあって独り苦しみつつ去り行く彼（彼女）を看取ることなど、どうして絶えられるのか、私にはとうてい理解できないのだ。この多くの矛盾を孕んだ生と死の問題を、われわれはいつの日か（今生ではないかもしれないが）、自らの問題として問い糺さねばならないときがくるであろう。でなければ、生と死の悲喜劇の根本原因も分からないまま、われわれは独り、生死の円環を巡ることになるからだ。

世の中の生死の道につれはなし
ただ さびしくも独死独来
（『一休道歌』）

では、無明はいつ始まったのであろうか。言い換えれば、われわれは不生不滅の永遠の世界から生滅する時間の世界に、いつ退転してきたのかということだ。

無明に始まりがあったとすると、そのときすでに時間は流れていたことになる。何よりも、いつという言葉自体が時間を前提としているからだ。そして、時間が流れていたとするならば、無明にはわれわれが一般に考えるような原因があったことになるだろう。それは何か事が起こるとわれわれはまず原因の究明にあたるように、原因と結果はともに時間の範疇に属する概念であるからだ。しかし、無明にはそのような原因はあったのだろうか。換言すれば、無明は時間の中で始まったのかということだ。結論から言うと、『起信論』は無明の特徴として「無始無明」を言う。つまり無明には始まりはなかったと言うのだ。

しかし、われわれは心源の根本不覚によって心（妄心）が揺らぐところが無明の始まりであるとしたのだから、この矛盾はどう考えればいいのか。それは、心源の不覚とともに時間は始まったと理解することで解決される。つまり、不生不滅の永遠の世界から生滅する時間の世界にわれわれが入ったそこは、いわば「始源の裂け目」であり、われわれは無時間の世界から時間の世界に入ったということだ。そして、心源の不覚によって生じた心（妄心）が時間を紡ぎだしていると見るのだ。

忽然と念（妄心）が起こる不覚無明とともに時間は始まり、生々死々を繰り返しながらわれわれはさまざまな虚妄の世界（妄境界）を捉えるようになる（不覚にして念を起こし、諸々の境界を見るが故に無明と説く）。無明には始まりがなく、しかも原因なくして起こってくるところを『起信論』は「忽然」と言い、無明は時間の中で起こったのではなく、時間とともに始まったということで「無明の忽然念起」と言ったのかもしれない。

ともあれ、われわれは無時間の世界から時間の世界に入った。宗教における永遠とは無限の時間ではなく無時間を言うが、時間の世界に入ることは、われわれが死の世界に入ることでもある。なぜなら、時間はサンスクリット語でカーラ（kala）であるが、この言葉には死という意味があることからもそれが伺える。また、アウグスチヌスがわれわれの生を「死せる生」あるいは「生ける死」と言った意味もこのあたりにあるであろう。

もちろん、無明には始まりがないと判っただけでは何の意味もない。というのも無明はわれわれが真実が何であるかも分からないまま、三界生死の虚妄の世界を独り巡り、常没の凡夫である根本原因であるから、いつか除かれねばならないものであるからだ。確かに、無明は『起信論』が言うように、無始の無明ではあるが、無明には終るということがあるのだ。無明には始まりはないけれど、終りがあるというのが宗教なのだ。

諸の凡夫は、無明に由るがゆえに真実を覆障し、一切種のあらゆる虚妄を顕す。
諸の聖者は、無明を断ずるがゆえに虚妄を捨離し、一切種のあらゆる真実を顕す。
（無著『摂大乗論』）

心源の不覚に依って無明妄心が起こるところが三界生死の世界であったから、無明が終るのはわれわれが心源を覚るときということになるだろう。このように心源の覚・不覚が悟りと迷い、すなわち一法界の真実の世界ともなれば生死する虚妄の世界ともなる。心源を覚り、心（妄心）が起こることがなければ、無明から始まる生死の妄境界は終り、われわれは一法界（法界一相）の世界へと帰っていくのだ。

無明が滅するを以ての故に心（妄心）は起こることあることなく、起こることなきを以ての故に境界は随って滅す。
（『起信論』53）

深層意識〈三細〉

心の本源を覚ることが『起信論』における悟りであり、究極の真理を知ることでもあった。その覚りによって生死（サンサーラ）は涅槃（ニルヴァーナ）ともなる。逆に覚り得ないと、そこに根本不覚という無明の相（妄境界）が現れ、心は妄心となって、われわれは三界生死の世界を転々とさ迷うことになるのだ。

『起信論』は根本不覚に続いて、「三細」と「六麁」からなる枝末不覚が起こってくると言う。六麁の「麁《そ》」は粗大という意味であり、われわれの日常生活の中でも自覚されうる粗大な心を言う。一方、三細の「細《さい》」は微細という意味であり、粗大な心のさらに内側にある深層レベルで、ほとんどの場合、自覚されないままに存在している微細な心を言う。「六麁」を表層意識とするならば、「三細」は深層意識と言えるだろう。

人間を含め、ものの見方には大きく分けて二通りある。一つはホリゾンタルに見る。もう一つはバーティカルに見ていく。ホリゾンタルというのは時系列、つまりすべての事物・事象を原因と結果の関係で見ていく。言い換えれば、表層的にしか物事を見ていない。一方、バーティカルというのは垂直に見ていく。つまり、意識あるいは心の深層に入っていく。確かにわれわれは自分自身の心を知ってはいるけれども、それはあくまでも粗大の心（六麁）であり、『起信論』はさらにその深層にある微細の心（三細）まで探りを入れ、人間の心の本質を問おうとしている。

つまり、バーティカルに意識の構造と成り立ちを問おうとしているのだ。

こういったものの見方は、少し新しいところで、デビット・ボームを挙げることができる。ボームは有名な原子物理学者であると同時に、人間の意識の深層をも視野に入れたニューサイエンスの理論的指導者である。彼によれば、存在には明在系と暗在系と二つあるという。われわれが視覚によって捉えている世界とその深層に隠れていて、われわれの日常意識では見えてこないけれども厳然として存在している世界の二つに分ける。

もちろん東洋にも早く、瑜伽行唯識派の思想家たちによって整備されてきた、人間の意識を八識で捉える考え方があった。それをここに当てはめると、唯識の八識にも明在系に当たる部分と暗在系に当たる部分とがある。明在系というのは五識（眼識・耳識・鼻識・舌識・身識）と意識を合わせた六識であり、その下部、あるいは深層にある末那識と阿頼耶識は暗在系に相当する。

今、『起信論』が問題にしようとする「三細」はもちろん、彼の暗在系に当たる。心の本源を覚れないと、そこから不覚の心（不覚心）、すなわち妄心が生じてくる。そしてこの根本不覚から「無明業相」、「能見相」、「境界相」という三種の相（三細）が現れてくると言う。

また次に、不覚に依るが故に三種の相を生じ、（しかも）彼の不覚と相応して離れず。云何が三と為す。一には無明業相《むみようごつそう》なり、不覚に依るを以ての故に心の動ずるを説いて名づけて業と為す、覚するときはすなわち動ぜざればなり。動ずるときはすなわち苦あり、果は因を離れざるが故なり。二には能見相《のうけんそう》なり、動ずるに依るを以ての故に能見あり、動ぜざるときは即ち見無ければなり。三には境界相《きょうがいそう》なり、能見に依るを以ての故に境界は妄《みだり》に現ず、見を離るるときは則ち境界無ければなり。

(『起信論』37)

①無明業相というのは根本不覚ゆえに、われわれが無明の相、すなわち生死輪廻する業(カルマ=行為)の世界に入るということだ。心源を覚り得ないと、不覚の心(妄心)が妄りに起こり、われわれは六道輪廻するカルマの世界へと踏み込むのだ。そして、この心が続く限り、われわれは徒に生と死を繰り返し、虚妄の世界を転々とさ迷うことになる。この不覚の心を『起信論』は「不覚妄心」と呼び、現在われわれが生きている心であり、心理学が扱っているのもこの心である。

この業(カルマ)について、話は前後するが、「六麁」の第五に起業相とあり、そこでも同じ業という言葉が使われている。しかし、深層意識(三細)のレベルで言われる場合と、表層意識(六麁)のレベルで言われる場合とでは、業のニュアンスは大きく異なることをまず理解しておかねばならない。

六麁(表層意識)で使われている業は身・口・意の三業(行為)と言われるもので、われわれが身体でもって為す行為、口でもって言う行為、心(意)でもって思う行為を言う。これらが普通われわれが行為(業)ということで考えているものである。そこにはもちろん、それぞれ善悪の因果の法則が存在するから「業に依りて果を受けて、自在ならざる」と結んでくる。われわれの行為（業）によって、生死の世界が転々と続き、カルマに縛られて、本当の意味における自由が分からなくなっているということだ。

一方、三細（深層意識）で使われている業（カルマ）というのは「不覚に依るを以ての故に心の動ずるを説いて名づけて業と為す」とあるように、心源の不覚に依って、まさに心が起動するところ、その時すでに業（カルマ）の世界が兆している。つまり、われわれは生死輪廻する迷いの世界に踏み込んでいると見ているのだ。

このように、三細の深層レベルで業（カルマ）と言っているのは、普通われわれが考える行為よりも、はるかに微細な意識の深層で、すでに生死の世界にわれわれは踏み込んでいることになる。またそれは深層レベルの出来事であるために、われわれは全く自覚していないけれども、不覚ゆえに心が揺らぐところに、すでに業（カルマ）による生死の世界が始まっているのだ。

仏教は身・口・意の三業における因果を教えているが、『起信論』はこの三細の深層レベルで、すでに生死への兆しは明らかに始まっており、無明の業（カルマ）が具体的に私たちの日常経験として現れてくるところが「六麁」で説かれてくる身・口・意の三業なのだ。もちろん、この三業によって、実際カルマに巻き込まれていくのであるが、それより前にわれわれは、すでに生死輪廻するカルマの世界に踏み込んでいるということだ。

このように心源を覚ることができず、一念の妄心（不覚の心）が一瞬動いたとき、われわれは三界生死の虚妄の世界に足を踏み入れ、あらゆる事物の世界を捉えるようになるのだ。

一念わずかに瞥起《べっき》すれば、万象目前に、うずたかし。

（良寛『草堂詩集』）

一念の妄心が動くところが三界生死だとすると、逆に、心が妄りに動くことがなければ三界虚妄の世界もそこにはないはずだ。だから『起信論』は続いて「覚するときはすなわち動ぜざればなり」と言って、心の本源を覚ることができたら、もう心（不覚の心＝妄心）は妄りに起こることはないから、三界生死の迷いの世界を超えて、一法界の真実の世界へと帰っていく。しかし、心源を覚れなければ、心が起動して、われわれは生死の苦海に入ることになるから「動ずるときはすなわち苦あり」となる。

以上が無明業相の説明であるが、これを見ると、行きつ戻りつしていることが分かる。なぜそうなるかといえば、心源を覚り得ないと業（カルマ）による生死の世界に入るが、逆に覚ることができたら、三界生死の世界を超えて一法界の世界に帰っていくことになるからだ。

このように心源の不覚よって、わずかでも心が起こると、われわれは三界生死の迷いの世界に入る。では、実際そこでわれわれは心をどのように経験していくことになるのであろうか。『起信論』は、心は見るものと見られるもの、経験するものと経験されるものの二つに分かれると言う。見るものというのは主体であり、見られるものというのは客体である。不覚ゆえに生じた無明の心（妄心）は主・客の二相に分かれ、それを『起信論』は能見相・境界相と呼ぶ。

②能見相というのは見るもの、あるいは経験する主体をいう。心が「動ずるに依るを以ての故

に能見あり」。つまり、心源の不覚によって心が起動すると、そこに見るということがある。われわれが外側にものを見るということがここから始まるのだ。逆に心が「動ぜざるときは則ち見無ければなり」と言って、心源を覚るとき、心は本源に帰って、動じることがないからもはや見るということはない。つまり、われわれが現在捉えている世界（妄境界）はもう現れてはこないということだ。

③境界相というのは、経験主体である能見相に対して、われわれが日常遭遇するさまざまな経験世界（客体）を言う。心源の不覚に依って妄りに心が動くと、見るということがあり、それと同時に対象世界（妄境界）が次々と現れてくるから、「能見に依るを以ての故に境界は妄に現ず」と言う。不覚の心ゆえにわれわれは主客の関係で物事を捉え、さまざまな経験世界が妄りに現れてくる。見るもの（主体）と見られるもの（客体）は互いに離れて存在することはできないのだ。だから、逆に「見を離るるときは則ち境界無ければなり」と言って、見るもの（主）がなくなれば、当然見られるもの（客）もそこにはない。つまり、心源を覚ることができたら、心は妄りに動くことがないから、見るということはなくなる。そうすると、今まで対象的に捉えていた三界生死の妄境界もそこにはなく、心はその本源へと帰って、真心（心性、本源清浄心）が捉える一法界の世界が顕現してくるということだ。

一切の境界は唯心が妄に起るが故に有なるも、若し心にして妄に動くことを離るるときは、則ち一切の境界は滅し、唯一真心のみにして偏せざる所無し、此を如来の広大性智の究竟の義と謂う。

（『起信論』71）

三界生死の妄境界は、ただ心が妄りに起こるから生じてくるのであって、心がその本源へと帰り、本来の姿（真心）を取り戻すならば、一切の境界はもはや現れてくることはなく、究極の真理の世界が広がっているということだ。

このように『起信論』は、心源の不覚によって生じた無明業相（これはまた業識《ごっしき》とも呼ばれる）から、見るもの（能見相）と見られるもの（境界相）の二相に分かれ、われわれは主客の関係でものごとを捉えるようになる。『成唯識論』が「識（業識）の体、転じて二分（相分、見分）に似《の》る。相（客観）と見（主観）はともに自体に依って起こる」と言うのに同じだ。われわれが具体的な行為というものを考えるはるか前に、というか、はるか意識の深層において、主客の分裂がすでに起こっていて、その上に立って、われわれが普通に言うところの行為（身・口・意の三業）というものがあるということだ。

ところが、われわれが行為というものを考える場合、このような意識の深層を全く考慮することなく、ただ身・口・意の三業でしか行為を捉えていない。さらに、行為（三業）に先立つ主客の分裂が、心源の不覚に依って起こってきた無明妄心であることなど全く知らない。

『起信論』が説く「三細」という意識の深層レベルは、何よりもわれわれ人間の倫理、道徳を問題にする前に、すでにこれだけの齟齬、あるいは分裂が起こっていることを示している。その上に立って、われわれの身・口・意の三業なども成り立っているのであるから、ただ表面に現れた行為（六麁）のみを問題にしても、根本的な解決にはならないということだ。もっとも現代において、倫理、道徳をまじめに討議することがいかに虚しいかは、分別ある大人から（といってもただ自己保身のために計算高いだけのことであるが）子供に至るまで、少し彼らの行状を見れば明らかであるが、それでもわれわれが行為というものをもう一度真剣に考えようとするならば、『起信論』が言うところの意識の深層（三細）をも視野に入れ、そこで捉え直す必要があるだろう。しかし、それを論じる前に、実際われわれが行為の世界に入っていく「六麁」のプロセスを辿ってみよう。

表層意識〈六麁〉

深層意識である「三細」に続いて、表層意識の「六麁」を『起信論』は次のように言う。

> 境界の縁あるを以ての故に、復六種の相を生ず。云何が六と為す。一には智相なり、境界に依りて心は起って愛と不愛とを分別するが故なり。二には相続相なり、智に依るが故に其苦楽の覚心を生じ、念を起し相応して断ぜざるが故なり。三には執取相なり、相続に依りて境界を縁念し、苦楽を住持して、心は著を起すが故なり。四には計名字相《けみようじそう》なり、妄執に依りて、仮《け》の名言《みようごん》の相を分別するが故なり。五には起業相《きごつそう》なり、名字に依りて名を尋ね、取著

して種種なる業を造るが故なり。六には業繋苦相《ごつけくそう》なり、業に依りて果を受けて、自在ならざるを以ての故なり。当に知るべし、無明は能く一切の染法《ぜんぼう》を生ず、一切の染法は皆是れ不覚の相なるを以ての故なり。

（『起信論』37）

「境界の縁」とあるが、もちろん心源の不覚によって生じた無明業相から、見るもの（能見相）と見られるもの（境界相）の二相に分かれ、われわれは主客の関係においてものごとを捉えるようになったが、その境界相のことであり、縁というのはここでは対象の意味であるから、「境界の縁」とは具体的には、われわれが外的に存在するものとして、対象的に捉える人や物を含むすべての経験世界を言う。われわれは心源の不覚の結果、見るもの（主）と見られるもの（客）の二つに分かれ、この主客の認識構造に基づいて行為の世界へと入っていく。そして、そのプロセスに六種の相（六麁）がある。

①智相。仏教的に智というと良い意味に用いられるが、ここで言われる智はそうではなく、「境界に依りて心は起って愛と不愛とを分別する」とあるように、われわれが主客の認識構造で何かを捉えた場合、まず即座に愛と不愛、すなわち好悪を判断（分別）しているという意味なのだ。もう少し広くいえば、われわれは何であれ五官が捉えたものに、文字通り主観を交えて、愛不愛、好悪、美醜、損得などを一瞬のうちに識別する。われわれが実際の行為に移る前にこのような判断、あるいは計算がまず働いているということで、「六麁」の最初に智相がきているのだ。

このように、われわれの心（妄心）はあらゆるものを二つに分けて見る習性（vikalpa）を持っており、仏教はそれを分別心、あるいは妄分別と言う。そして、この妄りに分別する二元性の背後に、一元性の真実の世界は隠されてしまうのだ。

②相続相。「智に依るが故に其苦楽の覚心を生じ、念を起し相応して断ぜざるが故なり」とあるように、まず好悪、損得などを直感的に見て取り、判断を下したわれわれは、それが好ましいものならば楽と結びつき、そうでなければ苦と結びつく。そして好きなものは取り込もうとし、嫌いなものはできるだけ遠ざけようとする。智相に続いて苦楽（快苦）をそれに結びつけるところが相続相ということになるだろう。ここで「覚心」とあるが、もちろん覚りの心という意味ではなく、苦楽（快苦）を識別する心というほどの意味である。翻って、われわれの行動を推し進める基本的な情念は、智相と相続相で言われている好悪、快苦という二つにまとめられるだろう。それに損得を加えれば、われわれの日常生活における行動原理は一層明確になってくる。ということは、それ以外に何があろうかということだ。

③執取相。相続相に続いて、「境界を縁念し、苦楽を住持して、心は著を起す」というのだから、愛と不愛（好悪）を見て取った智相から、苦楽（快苦）を判断し、それにどこまでも執着していくというのが執取相である。いとおしく、好もしいものは身近に取り込む。それは楽しみに通じるからということで、どこまでもそれを自分のものにしようとする。逆に、嫌悪をもよおすものについては、できる限り遠ざけようとする。このようにして好悪が快苦と結びつき、それに

どこまでも執着し、囚われていく姿が執取相である。身・口・意の三業をここに当てはめると、智相、相続相、執取相の三相は意業に当たるであろう。

④計名字相。「計」というのは計るという意味だが、何を計るかと言うと、愛不愛から苦楽を読み取り、それに執着するあまり、「名字」、すなわち言葉や概念を連ねて、自己や組織エゴを剔き出しにするところであろうか。例えば、われわれは主義・主張とかまびすしいが、どれも無意識のうちに自分や組織にとって都合のいいように解釈を加え、是非を論じ、また弁明するが、元を辿れば好悪、損得を計り、それを言葉でもって正当化しているだけなのだ。このように自己や組織の保身のために、都合の良いように言葉や概念で理論武装していくことが計名字相ということになるだろう。

従って、このような主義・主張に確乎とした根拠があるわけではなく、極めて主観的かつ打算が入ったものであるために、状況によってはどちらともなりうる、その場限りのまことに曖昧なものなのだ。

昨日の是とせしところを
今日また非とす
今日の是とせしところも
いずくんぞ昨の非にあらざるを知らん

（良寛『草堂詩集』）

是非・善悪の二元論が不覚妄心から生じてきたものであることをわれわれは知らないで、これまで立ち上げては何度壊れていったことだろう。だから『起信論』は「妄執に依りて、仮の名言の相を分別する」と言い、もともとわれわれの妄執（妄心、妄念）から発せられ、また計算された言葉というものが、かりそめのものであるために、それほど信頼をおいていないのだ。計名字相を身・口・意の三業に当てはめればもちろん口業になるだろう。

⑤起業相。このように適当に言葉で理論武装しておいて、いよいよそれを実際行動に移すところが起業相である。例えば、具体的に手に入れたいものが何かあると、それに執着し、物・名誉・権力なんであれ、われわれはその獲得に向けて策を練り、行動を起こしていくが、時には愚かな行為に走ることにもなりかねない。それを「名字に依りて名を尋ね、取著して種種なる業を造る」と言う。三業をここに当てはめればもちろん身業になる。智相から始まった身・口・意の三業はここにおいてもっとも具体的な行為として、目的の達成に向けてわれわれは多大のエネルギーを注ぐことになるのだ。

⑥業繫苦相。そして最後に善くも悪くも行為（三業）の結果に縛られていくので業繫苦相と言う。「業に依りて果を受けて、自在ならざるを以ての故なり」ということであるから、自分の欲するところに随って起こした身・口・意の三業よって、かえって因果の法則に縛られ、自由をなくしていくということだ。一応ここで「六麁」の説明は終っている。

翻って、われわれが普通行為というものを考える場合、①智相から⑤起業相に至る身・口・意の三業について善悪を考慮すれば、それで十分であるかもしれないが、これはいわば人倫の道である。一遍が「生を受けるにしたがいて、苦しみにくるしみをかさね、死に帰するにしたがいて、闇きよりくらき道におもむく」と言ったように、最後に、⑥業繋苦相を言うことによって、すべての行為が、善悪いずれであれ、原因となって、生死の苦海を転々とするカルマの世界に、われわれを縛りつけることになると考えているのが仏教の行為理解の特徴であり、仏道が説かれる理由もここにある。そして、行為（三業）の根底に心源の不覚に依って起こってきた無明妄心があることを指摘し、そこからわれわれの行為を捉えなおすことを逼っているのが『起信論』なのである。

メビウスの帯

智相、相続相、執取相、計名字相、起業相は仏教がわれわれの行為を身・口・意の三業に分けられるとした、そのすべてを含んでいた。智相、相続相、執取相の三相は心でもって思う行為（意業）であり、計名字相は口でもって言う行為（口業）、最後にわれわれが実際身体でもって為す行為（身業）が起業相であった。そして、これらすべての行為（業）が善くも悪くも原因となって六道・四生を巡る輪廻の世界にわれわれを縛りつけているのであり、本当の意味において自由が何であるかが分からず、暗きより冥きに趣き、未来に逼迫するところも限りないというので業繋苦相がきていた。

ところが、『起信論』は「六麁」の説明の最後を「当に知るべし、無明は能く一切の染法《ぜんぽう》を生ず、一切の染法は皆是れ不覚の相なるを以ての故なり」と結んでいる。これはどういう意味であろうか。言うことが憚られるが、われわれの身・口・意の三業はすべて（それをここでは「一切の染法」と呼んでいるのだが）、無明から生じた「不覚の相」、すなわち、実を結ばない虚妄であるということだ。それは「六麁」がわれわれの意識の深層である「三細」に基づいて起こってきていること、しかも、「三細」が心源の不覚無明に依って起こってくることと深く関係している。

心源の不覚によって忽然と心（妄心）が起こる無明（無明業相）とともに、見るもの（能見相）と見られるもの（境界相）の二つに分かれ、われわれは主客の関係でものごとを捉え始める。ここまでが深層意識である「三細」であり、そこから表層意識である「六麁」のプロセスを通して実際に行為の世界に入っていくことになるのであるから、すべての行為の根底にあるのは無明、あるいは不覚妄心であるため、われわれの行為は実を結ばぬ業（行為）どころか、われわれを生死の絆に結びつけるわなになっているのだ。だから『起信論』は「無明は能く一切の染法を生ず、一切の染法は皆是れ不覚の相なり」と言ったのだ。

主客の二元論は、心源の不覚によって生じた心（不覚妄心）が、見るものと見られるものの二つに分裂したところから起こってきたものだ。この主客の認識構造から、われわれは自分を外界から独立した存在と見なし、対象的にものごとを捉え始めるが、われわれが外界に存在するものとして知覚しているすべてのものは、もとはと言えば、われわれ自身が自らの心（妄心）でもって造りだした主客の分裂の結果なのだ。すると、主客の二元論的なものの見方が本来あったというのではなく、心源の不覚に依って生じた心の揺らぎ、あるいは歪みが主客の分裂を生み出しているのだ。

ここで一本のテープを思い描いてほしい。それを一回ねじって、端をつなぐと、いびつな輪ができる。これをメビウスの帯というが、いま表裏をそれぞれ主客と見て、まず表側の主観から辿っていくと、やがて裏に回ってまた表側へ戻ってくる。そして、客観も裏側から辿っていくと、やがて表に出てまた裏側へと戻ってくる。つまり、主客というのはどちらともなる。表になったり裏になったりと、明らかな境界がない。われわれの主客の関係もメビウスの帯のように、心（妄心）のねじれ、歪みに過ぎないのだ。

さらに主客の二元論から、「六麁」で説明されたように、好悪、快苦、損得、善悪、愛憎、生死など、ありとあらゆる二元葛藤するカルマの世界が転々と現れてくる。しかし、間違ってはならないのは、これら二元性は心源の不覚妄心（といっても現在のわれわれの心であるが）から生じてくるのであって、心源は自性清浄心（真心）として、これら二元性の彼方にある（「真心は善悪に縁らず。是非こもごも争うものは未だ（真理に）通ぜず」）。ともあれ、われわれ人間は心源の不覚と、それに続く主客の認識構造から、善悪を初めとする二元相対の生死の世界に入ったことが分かる。

それについて思い出されるのは『旧約聖書』の「創世記」である。「善悪を知る木から取って食べてはならない。それを取って食べるとき、きっと死ぬであろう」というのも、同じ人類の悲劇の幕開きを物語るものであり、神の国から地の国へ（『起信論』的に言えば、一法界から妄境界へ）転落した人間の「始源の裂け目」に認識の問題があり、われわれが何の疑義を抱くこともなく当然のこととして是認してきた、主客の二元論的な思考方法の中に、極めて重大な欠陥あるいは矛盾がありはしないかということだ。混迷する現代が遭遇するさまざまな問題の元凶は、実はわれわれの心（分別心）、ひいては思考そのものにあるということだ。

　われわれは行為（身・口・意の三業）について是非・善悪を言うが、「六麁」で説明されたように、表面に現れたところだけを取り上げて論じてもあまり意味がない。すべての行為が起こってくる根底に心源の不覚無明があり、その不覚の心（妄心）がさらに主客の二つに分裂し、そこから愛・不愛（智相）というようにして行為が始まっていることなど全く考慮されていないからだ。

　さらに『起信論』は是非・善悪を含めたすべての行為を「一切の染法」と呼ぶ。染法と言うと、悪しき行いのみを指しているように思われるかもしれないが、そうではない。ここで言う染法は、不覚無明から起こってくるすべての行為を言う。それには善き行いも含まれていることに注意をする必要がある。われわれがさしたる根拠もないまま、というか状況によってはどちらともなる是非・善悪のいずれもが「不覚の相」であるがゆえに「染法」と言われるのだ。

　親鸞が「善悪のふたつ、総じてもて存知せざるなり」と判断を避けたのも、悪しき行いだけではなく、善き行いの根底に存在するものは同じ不覚妄心であり、この心に基づいて為されるすべての行為は、われわれを生死輪廻の絆に繋ぎ止めるだけのものに過ぎないという理解があったからだ。だからと言って、私は、われわれが社会の一員として共同生活を送る上で、是非・善悪を論じることに意味がないなどと言っているのではない。ただ、われわれは是非・善悪を言う前に、これらが一体どこから生じてくるかをまず理解してかからねば、人倫の道はもとより、人間存在の根本的な解決とはならないであろうということだ。

不覚無明によって心は妄りに動く。この心が好悪、利害得失を計りながら、われわれはさまざまな問題を作り出していく。しかし、それらは良くも悪くも不覚の相（無明の相）と呼ばれたものであり、そんなところで是非・善悪を論じ、問題の解決を図ろうとするが、心理学を含め、われわれはそれらを生み出す深い心の理解に達していないばかりか、その矛盾にさえ気づいていないのだ。

簡単に言えば、さまざまな問題を作り出しているのも心ならば、その解決に当たるのも心であるという矛盾なのだ。さらに言うと、心それ自体が生死、善悪を初めとするさまざまな二元葛藤する不覚の相を生み出しているのに、同じ心によって解決しようとしても、その場を繕うだけで、とても根本的な解決は望めないということだ。この矛盾を理解しない限り、表現に穏当さを欠くが、垂れ流しのような現代の諸問題と混迷はいささかも改善されはしないであろう。

世間と出世間

仏教では世間と出世間の違いを言う。世間というのは、われわれが生死輪廻している妄境界の世界であり、出世間はそれを超えた一法界の世界である。親鸞が『恵信尼書簡』の中で「世々生々にも迷いければこそありけめ」といったのは世間であり、もちろん仏教はわれわれを世間から出世間へと導こうとしているのであり、親鸞自身も徒に生死に迷っている世間からいかにして出世間に渡るかを探り、「生死出ずべき道」を求めていたことはすでに述べた。そして世間（サンサーラの世界）と出世間（ニルヴァーナの世界）の違いは、われわれの心に真心（心真如）と妄心（心生滅）の二相があることから生じてくることとも。

ところが、「三細・六麁」の説明から、妄心は心源（自性清浄心＝真心）の不覚に依って生じてきたものであり、さらにその心は主客の二つに分裂したことも分かった。そして、われわれは見るもの（主）と見られるもの（客）はともに存在するという実在論的二元論の立場に立ち、それを前提として物事を捉え、行動を起こすが、その全体が生死際なきカルマ（業）の世界となっていることにわれわれは全く気づいていない。要は、主客の認識構造で捉えられた世界が生死に迷うサンサーラの世界であり、世間なのだ。このところを端的に表現したのが『成唯識論』の次の言葉である。

二取の随眠《ずいめん》はこれ世間の本なり。唯しこれのみをよく断ずるを出世間と名づく。

（『成唯識論』）

「二取の随眠」という言葉は、もと世親の『唯識三十頌』に見られ、「二取」とは能取と所取を言う（『起信論』の「能見相」と「境界相」に相当する）。現代の私たちの言葉で言えば、今問題にしている主観と客観ということだ。「随眠」とは「衆生に随逐して蔵識に眠伏せり」と言われるように、われわれは明瞭に自覚しているわけではないけれども、主客の認識構造がわれわれの意識の深層深くに常にあるということだ。つまり、われわれが主客の関係で物事を捉える習性は、われわれの無意識のうちに常に働いているという意味なのだ。また「蔵識」とはアーラヤ識のことであり、われわれ人間には主客の関係で物事を見る傾向が、深層意識であるアーラヤ識の中に構造的に組み込まれている。このように主客の関係でものを見、また経験する世界を世間（サンサーラ）と言うから、『成唯識論』は「二取の随眠はこれ世間の本なり」と言ったのだ。そして「唯しこれのみをよく断ずる」、つまりこの主客というものの見方を断つことができたら、それが取りも直さず出世間、すなわちニルヴァーナの世界となる。

世間と出世間、すなわち生死の世界（サンサーラ）と涅槃の世界（ニルヴァーナ）は認識論的にどこが違うのかというと、序論で説明したように、妄心と真心の違いであるが、妄心は心源の不覚に依って生じてきた心であり、その心はさらに主客の分裂を起こし、見るもの（主体）と見られるもの（客体）は、ともに存在するという実在論的二元論の立場に立って、われわれはものごとを捉えるようになる。それが世間であり、もしその立場を超えて、主客の認識構造を絶つことができたら、それは出世間となる。生々死々する迷いの世界が続いていくのはわれわれの主客で捉える心（妄心）によるのであり、「二取の随眠」が世間のもとになっている。そして、「これのみをよく断ずるを出世間と名づく」とあるから、世間と出世間の違いは、主客という認識構造でものごとを捉えるか、そうでないかの違いなのだ。

心外《しんげ》に境をおきて罪をやめ、善を修する面《おもて》にては、広劫をふるとも生死を離るべからず。能所（能取・所取）の絶する位に生死はやむなり。

（一遍『播州法語集』）

一遍は主客（能所＝能取・所取）、すなわち見るもの（私）と見られるもの（世界）を心と境で表している。もちろん、心とは心源の不覚に依って生じてきた妄心であり、この心によってさまざまな妄境界が現れてくる。そうとも知らず、ただ罪を悔い改め、善行を積むことによって、生死の世界（世間）を離れようとすることは、たとえ万劫を経るとも叶わないと言う。主客（能所）に分けている心が生死輪廻の原因であるのに、この心を残しておいて、功徳を積み上げ、どれほど修行をしようとも、われわれを生死の絆に繋ぎ止めることになるだろう。いっそ主客（能所）の認識構造を断つことによって、無始劫来続いてきた生死の流れは止み、われわれは世間から出世間へと渡っていくと言う。

「三細・六麁」の全プロセスは主客の分裂も含め、元を辿れば心源の不覚無明から起こってきた不覚の相であり、われわれを生死の苦海（世間）に縛りつけるカルマの世界を解き明かそうとしたものである。しかし、われわれは自らの意識の深層で、すでにこれだけの逸脱と分裂が起こっていることなど一顧だにすることなく、認識や行為にまつわる是非・善悪を論じる。もちろん、論じている本人は常に正しいのであり、これら二元性が主客の分裂の結果生じてきた「不覚の相」であることなど全く気づいていない。そして、心を持ち出せば、いかにも人間の深層を突いているかのような錯覚にとらわれ、問題にしている心こそ問題なのだということが一向に分からない。

『起信論』はこの心（妄心）に基づく主客の二元論は、人間意識の深層における出来事であるために、誰も注意を払うことはないけれども、われわれすべての経験の根底にある無知と迷妄の元凶と断じているものなのだ。心源の不覚無明から良くも悪くもすべての行為は始まる。そして、この全体が「不覚の相」であり、虚妄であると言ってくるところが、『起信論』における「三細・六塵」の非常に重要なところなのだ。もちろん、われわれは虚妄になど安住してはおれない。いかにしてこの無明を除き、真実を明らかにするかが、いずれ問われることになる。

学問と宗教

『成唯識論』によれば、主客の二元論で捉えた世界が世間（世間法）であり、主客の認識構造を断じたところが出世間（出世間法）であった。そして、われわれがこの主客の関係で何かを知っていくことを世間知と言うが、今のところわれわれは、それ以外の認識があることなど全く考えも及ばないし、事実、教えられてもこなかった。この主客の認識構造に基づいていろいろな知識、あるいは技能を身につけていくことが教養と言われるものであり、また知の体系を積み上げていくことにでもなれば、それは学問と言われる。例えば、科学の研究をする場合、観察する私がいて、観察される自然や世界がある。そこから得られた新しい知識やデータを纏めあげて一つの理論を作り出す。この構造が世間知であり、学問というのも世間知の範疇を超えるものではない。

主客の二元論がもたらした私と世界との分離の結果、客観的に世界が記述できると信じられ、そのような客観的記述こそが、すべての学問の理想とされていることは誰しも認めるところであろう。その場合、主・客・知の三つの要素から知の体系、すなわち学問は成り立っているが、ここで言われる知とは、もちろん客観的真理を指している。しかし、これまで述べてきたところからも分かるように、仏教（宗教）はこの認識の構造には多分に問題があると見ているのだ。少なくとも、これは世間知であって、仏教が目指そうとしている出世間智ではない。

ではどこに問題があるのかというと、『唯識三十頌』の冒頭に「仮によりて我法と説く」とあるように、主客（我＝主、法＝客）、あるいは私と世界でもいいが、いずれも確かな存在ではなく、仮に存在しているに過ぎないということで、「仮によりて」と言う。だからそこから導き出される知の体系（学問）もまた、仮のものに過ぎないということになる。

私はかつて学問とは仮説に過ぎないと書いたが、二元論の網の目を通してわれわれが外的に存在すると見なしているすべてのものは、元を辿れば心源の不覚によって起こってきた心（妄心）が主客に分裂した結果であり、観察するものと観察されるものが不覚妄心の分裂したものであるがゆえに、主客の認識構造から導き出される学問体系はすべて仮説に過ぎないという意味なのだ。そして『起信論』が主客の関係でものごとを捉え、かつ経験する世界は、すべて不覚の相（無明の相）であると言ったことからも、学問というのはすべて仮説と言えるだろう。

学問に携わるものは、ことあるごとに真理は客観的、かつ普遍的でなければならないと言う。そして、われわれも同じように客観的にものごとを見なくてはならないと言うが、少し皮肉な言い方をすれば、改めて言われなくとも、われわれはそうとしか見れないのだ。それも元はと言えば、われわれの心（不覚妄心）が主客に分裂した結果であるから、客観的であることなど、宗教においてはさしたる問題ではない。むしろ、われわれの当面の問題は、客観的真理を積み上げていくことではなく、『成唯識論』が言っていたように、いかにして主客の認識構造を断つかということなのだ。

また、いわゆる学問が客観的真理を求めているのに対して、宗教は主体的真理を求めていると言われる。しかし、注意しなければならないことは、主体的真理というと、その構造自体に問題があるとした、知るもの（主体）と知られるもの（客体）という二元論的な認識から得られる真理（これを客観的真理と言っているのだが）を主体的に求めていくということではなく、真理を求めている「私」とは一体何なのかを問うこと、つまり自己認識の問題なのだ。

これについてはいずれ扱うとして、われわれが実際、主客の関係で見ている世界を不覚の相（虚妄）と言うならば、それは一体どの程度リアリティがあるものなのか。それを説明するために『成唯識論』から三つの例を取り上げてみよう。

情には有れども理には無し（情有理無）

非有なれども有に似たり　（非有似有）

仮には有れども実には無し（仮有実無）

まず始めに「情には有れども」というのは、われわれの心には私も世界も実際に存在するかのように映っているけれども、「理には無し」ということで、本当は存在しているのではないということだ。次に「非有なれども」というのは、本当は存在しないにもかかわらず、「有に似たり」ということで、あたかも存在しているかのようにわれわれには見えているということだ。そして、最後も同じように理解できるであろう。いずれも遠く離れたところから見ていると、つまり、われわれの散漫な心（妄心）で見ていると、存在しているように見える陽炎も、近づいてよく見ればそこに存在しないようなものだ。

「情有理無」、「非有似有」、「仮有実無」はいずれも、われわれが実在的に捉えている対象世界はそれほど確かなリアリティを持って存在しているのではないということを簡潔に表現したものである。しかし、それは私も世界も存在しないということではなく、われわれが見るがごとくに、リアリティを持って存在しているのではないということだ。主客の認識構造で見ている限り、われわれは「仮有実無」の世界を生きている。だからこそ学問を初めとするすべての認識や経験も、本当は非常に存在基盤の薄いものなのだ。

そうすると、仏教を初め、宗教というのは何を試みようとしているかというと、実は、この認識の構造を壊し、虚妄（不覚の相）から真実を顕そうとしているのだ。しかし、それはわれわれが虚妄に代わる真実なるものを新たに作り出すという意味では決してない。というのも、真実を作り出すことなど人間には絶対できないのだ。人間が作り出すものは、美しいものからおぞましいものまで、すべて虚妄（不覚の相）であり、虚妄であるからこそ、それには終るということがあるのだ。そして、始めがあり、終りがあるということが虚妄の定義であることを、われわれは銘記しておくべきだろう。従って、われわれは虚妄を取り除くだけであって、決して真実を作り出すのではない（諸の凡夫は真を覆いて一向に虚妄を顕わす。諸の菩薩は妄を捨てて一向に真実を顕わす）。

世間知があるように出世間智もあるのだが、それは主客の範疇には全く属していない。われわれがこれから辿ろうとする仏教的真理は（それを『起信論』は真如、一法界、法界一相、無境界などと呼ぶ）この範疇には収まらないのだ。主客の認識構造に立脚して見出されてくる、いわゆる客観的真理を究極のものとは見ていない。それらはすべて「仮有実無」であって、このサンサーラの世界にのみ当てはまるのであり、『起信論』が言うところの一法界の世界（真如法界）はそんな主客の形式では捉えられないのだ。

このように認識の構造の違いが、学問と宗教の世界における真理を分けているのだ。しかし、われわれはこれまで主客の関係でものごとを見ることのみに終始してきたのだから、実際に、仏教が指し示している世界を知るには、よほどの発想の転換が求められてくることになるだろう。具体的には、主客の二元論ではなく、その認識構造を絶つために、それが起こってくる根源にまで立ち返ることが求められてくることになる。

無明と明、無知と知

無明と明、無知と知はそれぞれ対概念であるが、これらの関係はどうなっているのであろうか。まず無明は不覚無明とも言われるように、心源の不覚によって忽然と念（心）が起こるところから始まった。そして、この無明ゆえに、われわれが生死に輪廻していることはすでに説明を試みた。無明（avidya）とは真理（真如）に暗いことであるのに対して、明（vidya）とは真理に目覚めた人のことだ。もちろん、宗教は無明から明に至る実践の道を説いているのだ。

一方、知と無知は知識のあるなしを言うが、多い少ないの違いはあっても、さしたるものではない。それよりも問題は、この知識なるものがどこから生じてくるかということであった。要点は、知識には知るもの（主）と知られるもの（客）がまずなければならないが、この主客の分裂は無明（妄心）から生じてきたものである。そして、現在われわれは世々生々に迷う無明存在であるが、知るものと知られるものとの関係の中で、われわれは知識を増やしていく。すると、無明とは知識がないということではなく、むしろたくさんの知識を溜め込んでいることになる。

大変皮肉な言い方になるが、われわれ人間は無明存在であるがゆえに、知的欲求を駆り立てられ、学問というあらゆる知の体系を作り上げたといえるかもしれない。しかし、無明は生死輪廻の根本原因であるから、学問を積み上げることによって、生死の問題が解決されることは、事の道理からしてありえない。たとえ仏教（宗教）の研究に一生を費やしても、それは同じだ。

このように、無明とは知識がないということではなく、むしろわれわれはたくさんのことを知りながら、かえってたくさんの問題を抱え込んでいるのだ。そして、いろいろと解決方法を見出そうとして、議論を重ねるが、いつも新たな問題が生じ、いつまでも同じところを堂々巡りしている。なぜそうなるかと言うと、われわれは心性の世界、自性清浄心の世界、真心の世界を知らないで、不覚妄心が作り出す虚妄の世界（不覚の相）で、ただ徒に混迷を深めるばかりで、その根本原因が何か、全く理解されていないからだ。

若いキルケゴールがギーレライエの岬で、死を予感しながら、「いま私に必要なのは、私がそのために生き、そしてそのためになら死んでもいいと言えるようなイデーを発見することが大切なのだ……いわゆる客観的真理などを探し出してみたところでそれが私に何の役に立つだろう。私の実存のもっとも深いところに根ざしたものでなければ、どんなに知識を積もうとも人間は狂気に近い」と言ったことを私は懐かしく思い出す。知識や情報は増えていくであろうが、もとより無明は変わることなく残る。つまり、人生の根本問題である生死の問題（親鸞はそれを「生死出離」と言った）は常に残るということだ。

よく見かけることだが、専門分野の知識が増えただけに過ぎないにもかかわらず、自分は知っているという思いにとらわれて、何事にも口を挟む、いわゆる知識人の中に、人生の根本問題が見えていない人がいかに多いか、驚くばかりだ。それは確かに無知ではないかもしれないが、あなたが無明存在であることは十分に考えられることなのだ。われわれはときに錯覚して、知識があると真理に明るい（明）と思うかもしれないが、どれだけ知識を積もうとも、真理に暗い（無明）ということがありうるのだ。

ここを取り違えると宗教と倫理が混同され、いずれにとっても不幸である。仏教（宗教）はわれわれ人間を無明と明の関係で捉え、一方、われわれの社会は知と無知の関係で人を計っていると言えるだろう。いわゆる学識者と一般人の違いなど、宗教の立場から見れば、つまり無明と明の関係で見れば、どちらも生死に迷う同じ穴のむじなに過ぎない。否、もっと扱いにくいかもしれない。というのも、自分は何事かを知っているという思い込みが禍いして、謙虚にもう一方の尺度に照らして自らを省みようとしないからだ。

浄土門の法然が「知者のふるまいをせず」と言い、また聖道門の最澄が自らを「愚が中の極愚、狂が中の極狂、塵中の有情、低下の最澄」と呼ぶのも、今述べたところからおおよそ見当がつくであろう。学問とは大海の水をコップで掬い上げるようなものとルーミーが言ったように、彼らはいわゆる知識というものが、どの程度のものかをよく理解しているのだ。つまり、この地上を渡っていくのにはそれなりの知識や技能も必要であろうが、人間存在の根本問題を解決する手段とならないばかりか、ますますわれわれから真理を遠ざけることにもなりかねない。だから黄檗も「多知多解はかえって壅塞（真理の妨げ）となることを知らず」と言ったのだ。

さらに言おう。生死の問題が知識の有無、あるいは多少に関係ないとすれば、知識はなくとも明（vidya）の人がありうることになる。知識人が生死に迷う無明（avidya）の中で、混乱をきたしているのに対して、さしたる知識もないかもしれないが、真理（真如）に目覚めた者が人知れず存在しているということが起こりうるのだ。このように自らを無明と明の関係で捉えなおすことをしないで、知識の多少で人を測るなど、それこそ愚の中の極愚と言わねばならない。

われわれは気づいていないけれども、主客の認識に基づく経験や知の体系を元に辿るとその根底には無明がある。そして、いつの時代もそうなのだが、無明というところから良くも悪くもさまざまな問題を私たちは作り出しているにもかかわらず、ただ現象面だけを捉え、問題を解決しようとするが、これはほとんど不可能なことをしている。事実、われわれの社会はますます混乱するばかりで、解決の糸口さえ見えていないのが昨今の現状なのだ。それはちょうど、原因は目に見えない内臓にあるにもかかわらず、外面を繕い、覆い隠していては、一向に根本的な治癒につながらないばかりか、その症状がますます手におえないほど進行した病いのようだ。事実、議論のみあって、問題はさらに問題を生み出すことになるのも、この認識構造とそれが依って来る無明（avidya）というものが、われわれの問題意識から完全に抜け落ちているところに最大の欠陥があるのだ。現代の病巣の原因はここにある。

そして、この構造の限界と矛盾を明らかにしたのが仏教（宗教）なのだ。仏教というのは、この認識構造を理解したうえで、無明（avidya）に焦点を当て、これをいかにして除き、明（vidya）に変えていくかということなのだ。

心の教育

心の教育ということが言われて久しいが、かけ声のみあって、実を挙げたという例を寡聞にして聞いたことがないのは、私だけだろうか。この章で扱ってきた主要テーマはわれわれの認識の基本である心であったから、まとめの意味も含めて、心の教育に少し触れておきたい。

身・口・意の三業、それぞれに善悪はある。しかし、行為の基本は心（意）であるから、心が最も重要視され、心の教育が叫ばれることに私も異論があるわけではない。実際の行為を考えた場合も、まず心でもって思う行為（意業）が言葉となり（口業）、最後にわれわれは身体をもって行動に移るからだ（身業）。われわれの行為の基本が心にあることを見事に表現したのはアウグスチヌスである。


私は何者であり、どのような者であったことでしょう。一体私の行わなかった悪があるでしょうか。たとえ行わなかったにしても言わなかった悪があるでしょうか。たとえ言わなかったにしても欲しなかった悪があるでしょうか。

（アウグスチヌス『告白』）

このように、われわれの行為の基本は心であるから、心を問い直すのは自然なことだ。しかし、心の教育という場合、その心は一体何を指しているかが問題なのだ。すでに説明したように『起信論』は、われわれの心を真心（心真如）と妄心（心生滅）の二相に分け、われわれが現在生きているのは後者であり、その意味は妄りに起こる心（無明妄心）ということであった。思春期の子供が荒れているのもこの心ならば、分別ある大人が権力闘争に明け暮れ、マネーゲームに狂奔し、足ることを知らないのもこの心である。心は良くも悪くも、常に問題を作り出すトラブルメーカーなのだ。

われわれが心の教育ということで、この心（妄心）を教育しようとしているのであれば、われわれは始めから不可能なことに手を染めたことになるだろう。妄りがわしく落ち着きのない心をいくら教育しても、本来仏教が説こうとしている真心（自性清浄心）とはならないばかりか、この心でもってわれわれは真実を覆い、見るものすべてが虚妄（不覚の相）になっているのだ。そこからくる虚しさ、自家撞着に人は気づいていないようだが、この心（妄心）を磨くことは、決して真の心の教育とはならない。むしろ、われわれはこの心を除き真実を明らかにするのでなければならない。

そのためには何よりも、この心なるものの正体をしっかりと理解してかからなければ、どんなに優れた教育者であっても徒労に終わることは日を見るよりも明らかだ。それは、この心を扱っている心理学についても同じことが言える。ただデータを集め、心理分析をしているだけでは、われわれの心の正体はもとより、その本質を理解することなど、とても望めないだろう。

今日われわれは、と言っても例の識者のことだが、物質的に豊かになったけれども心は貧しくなった、などとよく口にする。しかし、大部分の人々は彼らの戯言に耳をかす様子もなく、あいも変わらず物（金）を追いかける。これからもその姿勢は変わらないだろう。

ところで、ここによく知られた聖書の言葉として、「心の貧しいものは幸いなり」というのがある。聖書はどうして全く矛盾したようなことを言うのであろうか。ここで言われている心もまた、これまで縷々説明してきた妄心なのだ。そして、その心を貧しくする、つまり心を空しくするものは幸いなりということだ。逆に言えば、われわれが心と呼んでいるものはいつも何か欠けていると思って不安なのだ。心はいろんな思い煩いの中で、いつもさまざまな問題を作りだし、混乱しているのだ。われわれの心はいつも貧しく、豊かになりようがないのだ。それは物が豊かになるならないの問題ではなく、心というものが本来貧しく、多くの矛盾を抱えたものなのだ。だから聖書はそういった心を空しくし、除いたところに本当の幸せがあるというので「心が貧しいものは幸いである」と言ったのだ。

われわれが今生きている心は、心源の不覚に依って生じた無明妄心であり、一瞬の心の揺らぎが三界生死の世界に入る根本原因であった（一念の妄心は則ち是三界生死の根本なり）。そこで、われわれは日夜さまざまな想いをめぐらせ、いろいろと画策するが、この妄りに起こる心ゆえにわれわれが徒に生死を繰り返していることは、親鸞が「思いと思うことすべて生死の絆にあらざることなし」と言ったことからも明らかである。この生滅を繰り返しながら、途絶えることのないわれわれの心を、『起信論』は「一切の心識の相は皆是れ無明」と看破した。「一切の心識の相」の中には、われわれのすべての思考あるいは感情も含まれる。それが良き想いであれ、悪しき想いであっても同じ無明から起こってきているということだ。そして、この心に基づいてなされるすべての行為を、『起信論』は不覚の相（虚妄）、あるいは妄境界としたのだ。

従って、無明から起こってきたわれわれの心（妄心）が健康であるか、不健康であるかなど、われわれの本心である真心（自性清浄心）から見ればさしたる違いはない。ここで、心の健康とは社会に適応し、普通に社会生活が営める良識ある人々であり、一方、不健康とはそれを行うことが難しい病める人のことだ。もちろん、後者を普通に社会生活が送れるように教育し、また引き上げることに手を差し伸べることは大切なことである。

しかし、その社会がどうしようもなく病んでいることは、心の健康に絶対に自信を持っているだけではなく、過剰なまでに社会に適応している不遜な輩が、国防よりも自分たちの保身のために証拠隠滅を図っている社会なのだ。こんな社会に適応し、順応したところで、少しばかりプライドが満足されるかもしれないが、あなたが本当に得るものなど何もないだろう。そこはあなたが生々死々を繰り返す迷いの世界（世間）であり、辿るべきはその先にある悟りの世界（出世間）であるからだ。そして、この違いは妄心と真心の違いであった。

心の教育という場合、ここまで視野に入れて心を理解する必要がある。一面的、表層的に心を理解して、心の教育がただ妄心の教育に終始するならば、本当の意味で心の教育とはならない。本来、心の教育は、妄心から真心へ、心から心性へ、心から心の本源へと辿るものでなければならない。しかし、そうなると、もうわれわれが心の教育ということで理解している範疇を超え、文字通り宗教の領域に入ってくる。

第二章　現象論――三界唯心

仏教の世界観

仏教の世界観を論じる場合、しばしば取り上げられるものに「三界唯心」という考え方がある。われわれが存在する経験世界を三界と呼び、それには欲界、色界、無色界という三つがあると言う。そして現在われわれは、欲望の世界（欲界）を生きている。

デカルト哲学に代表される二元論的な世界観は、私と世界とを分離し、世界は客観的に存在しているのであるから、客観的に記述可能であるとみるが、仏教が世界を考える場合、経験するわれわれ主体の側も含めて理解していく。言い換えれば、世界はそれだけで存在しているのではなく、外的に存在すると見られる客観世界も、見る主体の心と密接に結びついているということで「三界唯心」と熟語されるところに大きな特徴がある。「三界唯心」の思想はよく知られた『華厳経』「十地品」（これを独立の経典としたものが『十地経』である）の「第六現前地」にある。

　三界は虚妄にして、但是《こ》れ一心の作なり

……………………
かくの如くなれば則ち生死はただ心より起こる
心もし滅することを得ば生死も則ちまた尽きん

（『華厳経』）

三界、すなわちわれわれの経験世界は虚妄であり、「但是れ一心の作なり」を『十地経論』は「一切の三界は唯心によりて転ぜらるるが故なり」と解釈を加えているように、この世界はわれわれ自身の心が作り出した虚妄の世界であると言うのだ。それだけではなく、われわれの経験世界も心ならば、生死もまた心によって起こるというので、「かくの如くなれば則ち生死はただ心より起こる」と言う。われわれ自身の心が作り出した虚妄の世界で、転々と生と死を繰り返している根本原因が、われわれ自身の心であると理解しているのがこの経典なのである。

生と死という、一見われわれの意志や力ではどうしようもないと思われがちな出来事が、ほかでもないわれわれ自身の心と深く関係している。心というものが、心理学の狭い理解を超えて、われわれ自身の存在といかに深く関わっているかを示す典型的な例と言えるだろう。

もちろん、ここで言う心は妄心（心理学が扱っている心）であり、心源を覚れない不覚の心であることを忘れてはならない。それはいみじくも、一遍が「生死というは妄念（心）なり」と言ったこととよく符合する。われわれを三界生死の世界に繋ぎ止めているものは、ほかならぬわれわれ自身の心であり、『起信論』がわれわれの心（衆生心）を、真心（心真如）と妄心（心生滅）の二つに分けた、その妄心であるということだ。

この考え方は、生（と死）があなたの心、あるいは意識と深く関係し、ここに存在している根本原因があなた自身にあることを物語っている。もしそうだとしたら、現在あなたがおかれている状況がどんなものであれ、少なくとも三界生死の虚妄の世界に入ったのは、あなた自身に問題があったということになるだろう。心が作り出すさまざまな虚妄の世界で、徒に生と死を繰り返している自分自身を親鸞は「世々生々にも迷いければこそありけめ」と言ったのであり、だからこそ「生死出ずべきみち」を求めていく彼がそこにいた。

言うことが憚られるが、われわれの世界は心が作り出す虚妄の世界であり、しかもその心ゆえにわれわれは六道・四生に往還し、生死は尽きることがないと、まずきちんと理解しておかねばならない。しかし、生死がただ心より起こるならば、当然のことながら、「心もし滅することを得ば生死も則ちまた尽きん」ということになるだろう。この心（妄心）を滅し、離れることができたら、親鸞の言う生死出離の世界であり、再び迷いの世界に戻りくることはない。つまり、生死の世界（サンサーラの世界）から涅槃の世界（ニルヴァーナの世界）へと渡っていくということだ。

われわれの周りに毎日繰り返される生と死の悲喜劇が、心源の不覚によって生じた心（無明妄心）に原因があるとする考え方は、われわれが理解している生と死がそれほど確かなものではないことを示している。つまり、生死が心ならば、その心が取り除かれたら、果たして生死などあるだろうかということだ。ここには、われわれが生命というものを考える場合の大変重要な意味が隠されている。

例えば、人が時に存在の虚しさを感じ、生まれてきた意味が分からなくなるとしても、それはさほど不思議なことではない。というのも、われわれの生（と死）が、われわれ自身の心（妄心）に原因があり、その心でもって生の意味を知ろうとすることは、一度火のついた油が自分に対し、なぜおまえは燃え続けるのかと問いかけるようなものなのだ。生は何か目的を達成するために存在しているのではなく、生それ自身の中に存在の意味を見出せない限り、われわれにとって生はいつまでも不可解な謎として残るだろう。

事実、現在のわれわれは生の意味も分からないまま、ただ燃え尽きるまで、ひたすら闇雲に走り続けているだけなのだ。もちろん、走っている間は、手近な目的が生の意味に取って代わられ、そんな面倒な問いに悩まされることもなく、その道で少しばかり名前でも知られるようになれば、存在の虚しさを感じることもないかもしれないが、それはあなたが生の意味を知ったことにはならない。このように生の意味も分からないまま、空しく三界生死の世界を往還しているわれわれを、道元は「いくたびか徒に生じ、徒に死せしに」と言い、親鸞は「虚しく過ぎなまし」と言ったのだ。

痛ましいかな　三界の客　知らず　何の日か休《や》まん
六趣の岐《みち》に往還し　四生の流れに出没す

君と云い　臣と云うも　皆これ過去の讐《あだ》なり
妻と為り　子と為るも　なんぞ幽囚を出づるに由《よし》あらん
たとい輪王の位を得とも　ついには陶家の牛となる
痛ましいかな　三界の客　何《いつ》の日かこれ歇頭《けっとう》ならん
遥夜つらつら思惟するに　涙流れて収むる能《あた》わず

（良寛『草堂詩集』）

ここには真実（真理）を知った者のみが知る、人間存在の最も深い悲しみが詠われている。これに比べれば、われわれの悲しみなど愚痴以外の何ものでもない。われわれにとって最も深い悲しみである死さえも、われわれの愚痴、あるいは無知（avidya）なのかもしれない。否、われわれ人間は本当に悲しむべきは何かさえ分かっていないのだ。

さて、話を「三界唯心」に戻し、『起信論』は『華厳経』の言葉を敷衍して次のように言う。

是の故に、三界は虚偽《こぎ》にして唯心《ゆいしん》の所作なるのみ、心を離るるときは則ち六塵《ろくじん》の境界《きょうがい》無ければなり。此義は云如。一切の法は皆心のみより起り、妄念より生ずるを以て、一切の分別は即ち自心を分別するのみ、心にして心を見ずんば、相として得べきもの無ければなり。当に知るべし、世間の一切の境界は皆衆生の無明妄心に依りて住持することを得るのみなり。是の故に、一切の法は鏡中の像の体として得べきもの無きが如く、唯心のみにして虚妄《こもう》なり。心生ずれば則ち種種の法生じ、心滅すれば則ち種種の法滅するを以ての故なり。

（『起信論』41）

『華厳経』と『起信論』のいずれもが「三界唯心」と言うだけではなく、われわれが存在している経験世界（世間）は「虚妄」にして「虚偽」であるというところに注意を要する。それは聖徳太子が「世間虚仮」と言い、臨済は「三界は安きことなく、なお火宅の如し」、親鸞ならば「火宅無常の世界はよろずのことみなもてたわごとまことあることなし」と言ったように、表現は異なるけれども、彼らは一様に同じ世界認識に至っている。

ならば、私たちがここに生きることの意味などないではないかという反論が生じてくるかもしれない。しかし、ことはそれほど単純ではない。確かにこの世界は、彼らが言うように、火宅無常の世界であり、虚妄であるから、超えていかねばならないというのが（親鸞の言葉で言えば「生死出離」ということになる）、仏教の教義の中心にあることは確かであるが、その本当の意味は何かを知るためにも「三界唯心」の章を読み解いていこう。

自心所現の幻境

『起信論』が「三界虚偽」と言ったことを、『楞伽経』は「三界如幻」という表現をとる。われわれが存在している世界は幻のようなものであると言うのだ。さらに『楞伽経』は「三界如幻」に続いて、われわれの世界は「自心所現の幻境」であると言う。つまり、この世界はわれわれ自身の心が現出した幻の境界（世界）であると言うのだ。もちろん、この心も不覚の心（妄心）であることは言うまでもない。世界はそれだけで存在しているのではなく、外的に存在すると見られる客観世界も、見る主体の心と深く関係している。世界を語るとき心を語らざるをえないし、心を語れば世界も語ることになる。世界はそれを捉えている心を離れては考えられないのだ。

このように、三界生死（サンサーラ）の世界が、われわれ自身の心が生み出した幻の如き世界だとすると、われわれの心（妄心）というものがどういうものであるか少し分かってくる。それを譬えるならば、心というものはプロジェクターのようなものではないかということだ。

本来何もないスクリーン上に、心が投影したいろんなシーンが映し出され、それを見て同じ心がさまざまに反応する。それが楽しいものならば嬉しくなり、辛く悲しいものならば避けようとするだろう。しかし、それとても元は自分の心が生み出したものであり、その映像に心が一喜一憂しているだけなのだ。心というものはそういうプロジェクターのような働きをしているがゆえに、『楞伽経』はわれわれが捉える事物・事象はすべて「自心所現の幻境」であると言ったのだ。そして、自らの心が投影した幻影にわれわれは心を奪われ、それに執着していろんなカルマ（業）を積み上げながら、生死の世界を転々としているということだ。

「三界虚妄」（『華厳経』）、「三界虚偽」（『起信論』）、「三界如幻」（『楞伽経』）のいずれも、われわれが捉えている世界は心が作り出した幻の如き世界だと言っているのだが、われわれが見ている、あるいは経験している世界が虚妄であるとか、幻の如きものであると言っても、そうとにわかに信じる人は恐らくいないであろう。また、自らの体験として、世界を「自心所現の幻境」

と知ることは、それほど容易なことではない。否、そうと知ることができないからこそ、われわれは幻の如き生死の世界が実際に存在するものと思い、ひたすら生に執着し、さまざまなカルマを作りながら輪廻を繰り返しているのだ。従って、宗教とはいかにしてこの世界を「自心所現の幻境」と知るかにかかっていると言えるだろう。

ではわれわれの世界を虚偽であり、幻の如きものであると知った人たちは、どこからその結論を得たのであろうか。それは、現在われわれが生きている心（妄心）ではなく真心、すなわち空海が悟りの心と呼んだ本心（仏心）を通して見たとき、これまで見ていた虚妄の世界はそこにはなく、その後から真実の世界が顕れてきたのだ。妄心を捨てて、真心でなければ到底見えてこない世界ということだ（諸の菩薩は、妄を捨てて一向に真実を顕わす）。

従って、われわれが現在の心にとどまっている限り、われわれにとって今見ている経験世界が存在する、唯一リアリティのある世界なのだ。このままではこの世界を虚妄と見ることはできないのはもちろん、真実も見えてこない。それを知るにはそれなりのプロセス（道）があるのだ。仏教に限らず、宗教には、虚妄から真実を明らかにするために実践の道が伴わなければならない理由がここにある。後で詳しく取り上げることになるが、『起信論』は「真如三昧」という方法論を通して真実（真如）を知っていく。また『楞伽経』であれば、文字通り「如幻三昧」を言う。いずれもわれわれの世界が幻の如きものだと知るサマーディ（三昧）を通して、真実（真如）の世界を知っていくということだ。

見色即見心

心が捉えた虚妄の世界を、われわれは実際どのように経験していくのであろうか。これを理解するために、六祖慧能の「汝が一念心は三界を生じて、縁に従い境を被って、分かれて六塵となる」から始めよう。一念心というのは妄心（われわれが言うところの心）のことであり、心源を覚ることができないと忽然と不覚の心が起こり、心は三界生死の世界を捉え始める。心を離れて世界はなく、世界を離れて心はないが、その心は具体的には、眼識・耳識・鼻識・舌識・身識・意識の六識に分かれ、それぞれ色・声・香・味・触・法の対象（六塵）を捉え始めるのだ。つまり、われわれの心というものは六識に分かれ、眼は色（物）を捉えるように、それぞれ「六塵の境界」を捉えるようになる。これら六識を通して経験するすべてが虚妄、すなわち不覚の相であるということで「六塵」と表されている。換言すれば、これら六識を通して真理は見えてこないということだ。

　眼は正しい認識の基準にあらず。耳も鼻も舌も身体も心も正しい認識の基準とはならない。もし、これらの諸感官が正しい基準ならば、いったいだれに聖なる道が必要であろうか。

（『三昧王経』）

実際の体験としては、眼識・耳識・鼻識・舌識・身識の前五識が捉えたものを第六識である意識、あるいは心が、「三細・六麁」で説明したように、好悪、快苦に分け、当然のことながら快を選び取っていく。例えば、われわれは眼が捉えたものに、即座に好悪、美醜を見て取り、自分にとって快いものならば取り込もうとするだろうし、不快なものならば遠ざけようとするだろう。そして、身体的には快苦、感情的には好悪、知性的には損得の識別がわれわれの経験の最も基本にあり、そこからあらゆる行為は始まる。こうしてわれわれは、二元相対の世界へと入っていく。

このように、私たちの行為の根底に、あらゆるものを識別する心（分別心）があり、そのような選択はすべて、心源の不覚によって生じてきた妄心（一念心）から起こってくる。だから『起信論』はただ心と言うだけではなく「一切の法は皆心のみより起り、妄念より生ずる」としたのだ。「一切の法」とはわれわれが経験する是非、善悪、美醜、好悪、損得……など二元相対するすべての事物・事象を言う。そして、ここで妄心と言おうと妄念と言おうと意味は同じである。

くどいようだが、妄心（妄念）とはわれわれが一般に心と呼んでいるものであり、心理学が扱っている心にほかならない。それに対して、真心があることも初めに指摘しておいた。言うまでもなく、現在われわれはその心を知らないし、心を扱っている心理学の視野に入ったことはこれまで一度もないのだ。

われわれの五感（前五識）、より正しくは意識（心）が捉えたすべてのものが虚妄であり、不覚の相であると言うならば、一体われわれは何を見ているのであろうか。奇妙な問いに思えるが、そうではない。ここでは馬祖の「見色即見心」を取り上げてみよう。

およそ見るところの色（物）は、皆是れ心を見るなり。心は自ら心ならず、色によるが故に心なり。色は自ら色ならず、心によるが故に色なり。故に経に云く、色を見るは即ち是れ心を見るなり。

（『馬祖語録』）

われわれが主客の認識構造の中で何かを見るという場合、実は自分自身の心を見ているのだと彼は言う。なぜかというと、「三細」の説明からも分かるように、主客に分けているのはわれわれ自身の心であり、われわれの心（不覚妄心）が、見るもの（主）と見られるもの（客）の二つに分かれたのであるから、何かを見るということは、われわれ自身の心が投影した映像を見ていることになる。そうして「心は自ら心ならず、色（物）によるが故に心なり。色は自ら色ならず、心に依るが故に色なり」と言って、心・物が相互に切り離せないものであるから「色を見るとは即ち心を見るなり」と言ったと考えられる。

このように、われわれが見ているものは自らの心であり、そうして心が捉えたもの対してわれわれは文字通り主観をまじえて、是非、善悪、美醜、好悪、損得などいろいろと判断（分別）を下しているというので、『起信論』は「一切の分別は即ち自心を分別するのみ」と言う。われわれはいろいろと判断を加えていくけれども、それはその人（の心）にとってのみ意味があるに過ぎない。換言すれば、個々の人間が捉えた主観的な事実があるだけであって、普遍的な意味や価値があるわけではない。そこで「心を離るるときは則ち六塵の境界は無ければなり」と『起信論』が言うのは、われわれが現在の心（妄心）を離れることができるならば、これまで六識が捉えていた「六塵の境界」、すなわち二元相対の虚妄の世界はそこになく、その後に一法界の真実の世界が顕現してくるだろうという意味なのだ。この一法界の世界を『起信論』は「離念の境界」、「無境界」、「勝妙の境界」とさまざまに呼ぶ。

心は心を見ず

われわれが何かを見るというとき、心を見ているということで「見色即見心」であった。心と物は離れて存在しているのではなく、心を語れば物について語らざるを得ないし、物を語れば心についても語らなければならない。このように心と物が不即不離の関係にあり、物を見るとは心を見ることであるなら、心がなければ、果たして物は存在するであろうか。少なくともこれまでのように主客の関係で見るということはないはずだ。

見るということは心があって初めて可能になったのであるから、心が消え去れば、見られる物（形相）も消えてない。『起信論』が「心にして心を見ずんば、相として得べきもの無ければなり」と言うのはそのためだ。それは先ほどの「心を離るるときは則ち六塵の境界はなければなり」と言うに同じだ。というのも、われわれがいろんなものを捉えるようになるのは、不覚の心（妄心）が起こってくるときであるというのが『起信論』の基本的な考え方であり、その心を離れることができたら、もう六塵の境界（相）を見ることはないからだ。

『起信論』は妄境界などと言うように、境界というものをいい意味では使っていない。むしろ

『起信論』は、われわれの心（妄心）がさまざまに捉えている境界の世界（差別の相）ではなくて、無境界の世界（法界一相＝一法界）へわれわれを連れ戻そうとしている。そして、われわれがこの心でもって見ている限り生々死々する妄境界（六塵の境界）を離れることはできないから、「心を離れる」とか「心を見ない」というように、明らかにわれわれの日常経験からは想像もできない要求を、われわれに突きつけているのだ。

そのプロセスとしては、すでに述べたように妄心から真心へ、心から心性へ、要するに心から心の本源へと辿ることであるが、ボーディダルマが「無心というは真心なり、真心というは無心なり」と言ったように、「心を離れる」とか「心を見ない」ということは、禅的に言えば「無心」になるということだ。そうなって初めて、われわれがこれまで見ていた二元葛藤する妄境界ではなく、『起信論』が言うところの、一法界（法界一相）の世界が立ち顕れてくるだろうと見ているのだ。

このように「心を離れる」とか「心を見ない」という言葉の中に、『起信論』という書物が単に机上の論理ではなく、われわれが自らの心と取り組み、心の本源へと辿る実践の道を説いていることが分かる。これを説明するのに天台大師を取り挙げてみよう。

もしよく心を本源に安んずればすなわち染着なし。もし心に染着なければすなわち一切の生死の業行《ごうぎょう》は止息す。もし生死の業行が止息すればすなわちこれ泥恒《ないおん》なり。故に経にいわく、

心あって心をしらず　　心は心を見ず

心に想を起こさばすなわち癡《ち》なり　無想はすなわち泥恒なり

（『天台小止観』）

現在われわれは心を本源に安んずるどころか、逆に、心源の不覚によってわれわれ（の心）は本源から迷い出て、自ら三界虚妄の世界を作り出し、かえってさまざまな問題を抱え込んでいるのだ。そして、今のところわれわれの心は、さまざまな欲望や趣味・嗜好に捉われていく染心であり、この心が存続する限り、われわれは生々死々を繰り返す輪廻の世界から逃れることはできない。しかし、生死はただ心から起こってくるのであるから、もし心を離れ、除くことができたならば、当然、生死を生み出していたカルマ（業）は絶たれ、われわれは三界虚妄の世界を超えて、涅槃（泥恒）の世界に帰っていくであろうと彼は見ているのだ。

さらに『般舟三昧経』の「心あって心をしらず　心は心を見ず」を引用しているが、これは『起信論』の「心にして心を見ずんば」を容易に連想させる。しかし、このように言うと、心は無くなってしまうかのような印象を与えるが、そうではない。それはこれまでの説明からも分かるように、妄心（妄念）がないこと、『起信論』の中でよく使われる無念という意味であり、真心までもがなくなってしまうのではない。あえてこの文章を文脈に沿って読み換えるならば、「真心あって妄心をしらず　真心は妄心を見ず」となろうか。

ともあれ、妄りに起こる心（妄心）が止息して、心の本源である真心（本源清浄心）に安住すれば、もう執着する心（染心）は消え、輪廻の世界から涅槃の世界へと帰っていく。逆に、「心に想いを起こさば、すなわち痴なり」となることは明らかである。つまり、心源の不覚無明によって心（真心）に想いが起こると（無明の忽然念起）、われわれはたちまち三界虚妄の世界を転々とする愚迷の衆生となる。

このように、一念の妄心が起こるとわれわれは生死際なきサンサーラの世界に踏み込むのだ（一念の妄心は即ち是三界生死の根本なり）。だから、心を離れ、心を見ることがなければ、われわれは無心（無想）となって、心は心の本源に安んじ、ニルヴァーナの世界へと帰っていくというので、「無想はすなわち泥恒（涅槃）なり」と纏めているのだ。サンサーラの世界とは、われわれの心（想）によって保たれている世界であり、ニルヴァーナの世界とは、われわれの心（想）を離れた世界であるということだ。

共同幻想の世界

世間とはすでに述べたように、われわれが存在している二元葛藤する生死の世界を言う。そしてこのような世界がなぜ存在しているかというと、われわれ自身の「無明妄心」に起因しているからということで、『起信論』は「当に知るべし、世間の一切の境界は皆衆生の無明妄心に依りて住持することを得るのみなり」と言う。これはよく考えてみる必要があるだろう。三界虚妄の世界が続いていく根本原因が、ほかでもないわれわれが心の本源（心性、真心、本心）を覚ることができない無明ゆえに、妄りに心が起こるから延々と続いているということだ。このような状況に立ち至った人間（衆生）を譬えたものに「画師の比喩」がある。

無知なる画師の、自ら衆彩を運びて、畏《おそ》るべき夜叉の形を作し、成しおわりて還《かえ》って自らこれを観て、心に怖畏《ふい》を生じ、頓に地に倒れるがごとく、衆生も亦復是《かく》のごとし。自ら諸法の本源を運びて、三界を画作して、還って自らその中に没して、自心熾然《しねん》にして、備《つぶ》さに諸苦を受く。

（『大日經疏』）

「無知なる画師」とは、もちろん無明存在であるわれわれ人間を指しているのだが、彼が恐ろしい夜叉の絵を描き、描き終ってそれを見、あまりの恐ろしさに大地に倒れ伏すように、われわれ人間も、すべてのものが帰趨する生の源泉（諸法の本源＝法界）を内に運びながら、それを知らず、自ら三界虚妄の世界を作り出し（三界を画作）、かえってその中に沈淪し、さまざまな苦悩に逼迫しているというのだ。

大切なことは、もともと三界虚妄の世界があって、われわれがその中に入り、気がついたらそこが生死に迷う虚妄の世界であったというのではなく、われわれ自身が無明の心（無明妄心）でもって三界を自ら作りだし（自心所現の幻境）、さらにそこで自ら心を燃え立たせ（自心熾然）、愛憎、得失、悲喜、幸不幸……といろんな経験をしているということだ。

その事実を最も端的に言い表しているのが、臨済の「三界は自ら我れはこれ三界なりと道《い》わず」なのだ。われわれが存在するこの世界は、自ら進んで迷いの世界（三界）であるなどとどこにも宣言してはいない。ただそこに住むわれわれ自身の心の有り様によって、迷いの世界（サンサーラ）ともなれば、悟りの世界（ニルヴァーナ）ともなる。つまり、われわれが真心でもって見るか、妄心でもって見るかの違いであって、決して世界に問題があるのではない。われわれ自身の心に依って同じ世界でありながら、一方は見るものすべてが真実として映ってくるだろうし、もう一方は虚妄として映ってくる。ただわれわれが真心（自性清浄心）を覚り得ないゆえにさまざまな妄境界が現れ、そこで自ら逼迫しているだけなのだ。

そして、三界生死の迷いの世界が続いていくのも、誰かがあなたを強要しているわけではなく、あなた自身が自らの心にエネルギーを注ぎ続けているからに過ぎない。『大日經疏』の「三界を画作して、還って自らその中に没して、自心熾然にして、備さに諸苦を受く」という指摘は、われわれ人間が現在立ち至っている状況を見事に言い当てたものとして、よく噛みしめてみなければならないだろう。

仏教の思想に少し触れた人ならば、「一切の境界」には、われわれ人間界だけではなく、六道輪廻の世界（天、人、修羅、餓鬼、畜生、地獄）もそこに含まれることを知っているだろう。ここでは『唯識二十頌』などにも見られる一水四見（三見）の比喩をなぞってみよう。

譬えば人間の浄水を天鬼は心に随うて、或いは以て宝とし、或いは以て火とし、自心自ら苦楽を見るが如し。これに由《よ》って、當に知るべし、心を離れて外に一法も有ることなし。

（『大日経疏』）

ここに登場するのは六道のうちで天、人（人間）、餓鬼であり、これら三者の心がそれぞれ異なるために同じものを見ながら、三者三様に捉えていることを言ったものだ。それぞれ心の有り様、すなわち認識の構造が異なるために同じものを見ながら宝、水、火と捉えているのだ。人間が水と見ているものを天は宝と捉え、餓鬼はその心に従って火と見ている。天、人、餓鬼の心が異なるために、同じものを見ながら全く違った風に見えている。そうすると、個々に意味があるとしても、三者共通の意味を見つけることはできないであろう。つまり、同じ心の構造を持ち合わせているものにとってのみ分かり合える世界（境界）ということになる。

このように三者の心が異なれば三様に見えてくるために、心を離れてもの（法）は存在しないことを「心を離れて外に一法も有ることなし」と結んでいる。こういう考え方が仏教の世界観の基本にあることはすでに述べた。世界はそれだけで存在しているのではなく、外的に存在するとみられる客観世界も、見る主体の心と密接に結びついているというものだ。世界を語る場合心を語らざるを得ないし、心を語れば同時に世界を語ることになる。存在と認識は別々に論じることはできないのだ。

すると、人間が見ているものだけが正しいのかというと、そうではない。人間はたまたま水と見ているだけであって、決して真実を見ているのではない。もちろん天、餓鬼が見ているものが真実であると言うのではない。人間の心、あるいは人間の主客の認識構造で捉えた場合、たまたま水と映っているだけであって、決して真実を捉えているわけではない。それは『般若経』などが、われわれが見るがごとくにものは存在しているのではないと言うに同じだ。つまり、衆生（ここでは天、人、餓鬼の三種が挙げられている）の心の有り様によって、同じ物がさまざまに見えてくる。どれが正しいのかというと、どれも違う。このような心（妄心）ではとうてい真実は見えてこないということだ。

そうすると、われわれ人間は、人間の心が捉えたものという共通認識に基づき、また人間の心にとってのみ意味を持つ世界（世間）で、さまざまな問題を抱え込んでいると言えるだろう。そして、われわれの世界がたとえ虚妄であっても、その虚妄を共有し、そこに何がしかの意味を見出そうとしているということで、私はこの世界を共同幻想の世界と呼ぶ。もちろん、人間だけが共同幻想の世界に生きているのではない。ここにあげた三者三様に、自らの心に随って、さまざまに見ているのだから、それぞれが共同幻想の世界を生きていることになる。そして、真実はこれら共同幻想の世界の中にあるのではなく、この幻想のヴェールが取り除かれたとき顕現してくるものなのだ。

月華の比喩

この世界は虚妄であり、われわれは共同幻想の世界に住んでいる。するとわれわれが見ているものには一体どれだけのリアリティがあるのだろうか。これまで述べたところからも容易に推察できるかと思うが、『起信論』はわれわれが見ているものにそれほど確かなリアリティがあるとは考えていない。それはあたかも「鏡中の像」を見ているようなものであると言う。もちろん鏡に映った姿が、実体のないものであることは明らかである。

心はちょうど鏡のように、前に来るものは何でも映し出す性質を持っている。だから、われわれが見ているものは、われわれ自身の心（見色即見心）であると馬祖も言ったのだ。また、われわれが見るが如くにもの（法）は存在しているのではなく、われわれの心にとってのみ意味のある世界にわれわれは生きているということで、この世界を共同幻想の世界であるとした。このように存在するかの如くに見えているが、実際には存在しないということで、それを「仮有実無」とも言った。『起信論』の「鏡中の像」は、それらをよく表す比喩と言えるだろう。

そして、われわれ人間は心が投影した虚妄の世界にあって、「鏡中の像」のように実体がないにもかかわらず、それに心奪われ、あれもこれも手に入れようとして、かえって多くの問題を抱え、逼迫しているのだ。だから『起信論』は「一切の法は鏡中の像の体として得べきものは無きが如く、唯心のみにして虚妄なり」と言うのだ。

夜空に月が煌々と耀いている。月は一つであるが地上にあるたくさんの湖面に月影が映っている。われわれは月を見ているけれども、それは水に映った月なのだ。なぜなら、われわれの心という鏡は前に来るものは何でも映し出す性質があり、それをわれわれは見ている。本当の月は天空にあるのだが、水に映る月も本当の月と見まがうほどに美しく水面にゆれ、われわれには実際に存在するが如くに見えている。「唯心のみにして虚妄」とはそういう意味であり、決して真実を捉えているのではない。われわれは全く気づいていないけれども、ここから人間の奇妙な振る舞いが見えてくる。良寛の「月華の比喩」でそれを説明してみよう。

月華　中流に浮かぶに
彌猴《びこう》　これを探らんと欲し
相率《ひき》いて　水中に投ずるが如し
苦しいかな　三界の子

（良寛『草堂詩集』）

水の流れに月が映っている。この美しい月影を自分のものにしたいと思って、猿が仲間を引き連れて水中に入っていく。ところが、しばらくすると彼らはともども水中に没し、命を滅ぼしていく。われわれはこの猿の愚かさを笑うかもしれない。少なくともわれわれ人間は、それが川面に映る月影と理解はできるだろう。まして、猿のようにそれを掬い取ろうとして川の中に入る人はいない。

しかし、良寛はそうは見ていない。われわれ人間もまた、あの猿たちと同じようなことをしていると言うのだ。われわれはこの地上にあって、自らの心が投影した「鏡中の像」のように実体を持たないものを手に入れようと躍起になっているのだ。果たして、われわれが本当に手にできるものなど何もないにもかかわらず、互いに争っている様子は、もしかしたらあの猿よりもいじましく浅はかと言えるかもしれない。

われわれが自心所現の幻境に心惑わされ、存在するかの如く見えてはいるけれども、実際には存在しない仮有実無のものを追い求めているとしたら、これは笑うべきなのか、果たまた悲しむべきなのか、その判断はあなたに委ねるとして、良寛は「苦しいかな　三界の子」と言う。三界虚妄の世界に蠢くわれわれ人間（三界の子）は何と狂おしく、痛ましいことかと彼は落涙しているのだ。

さらにプラトンを例に挙げると、つとに知られた「洞窟の比喩」がある。人間は洞窟の中にいて、頭を後ろに向けることができないで、いつも前だけを見ている。そして背後から光が当てられると、そこに影が映し出され、人間はそれを見ている。そして「投影された影の他は何も見たことのない人間」が、その影に一喜一憂しているというものだ。この比喩は、われわれ人間は真実を見ているのではなく、自らが投影した影しか見ていないという意味なのだ。「月華の比喩」で言えば、本物の月ではなく、水に映った月影を見ているに過ぎないということだ。いずれの比喩もわれわれ人間は真実を捉えているのではなく、その影を見ているに過ぎないと言おうとしたものである。

人は欲望の赴くまま、人生を駈けずるが、結局何も持たずに独りこの地上を去っていく。われわれがあれほどまでに憧れ、それなくしては生きていけないとまで思ったものが、実際には存在しない月華の如きものであると気づくこともなく、われわれはこれからも変わることなく、人、物、何であれ、手に入れるために多大のエネルギーを注ぐことだろう。

一切の万法は心より化生し、ただ名字あるのみにして、実なるものあること無し。

（『馬祖語録』）

すべては自心所現の幻境（それを馬祖は「心より化生したもの」と言っている）であるとも知らず、文字通り主観を交えて是非・善悪を蝶々と論じはするが、一体、月華の如き共同幻想の世界を捏ね回してどうしようというのだろう。われわれが現在立ち至っている隘路には本当の出口はないと知らない限り、議論（名字）のみあって、問題はさらに問題を生むばかりで、一向に埒があかない。しかし、現代はもう共同幻想などと言ってはおれないほど人類の狂態は、いつカタストロフィーを起こしても不思議ではないところまで来ているようだ。われわれは何よりもまず、われわれが見ているものは、自らの心が投影した影像であることをはっきりと知らねばならない。そして、宗教とは月華を追い求めていくことではなく、月そのものを捉える方法を説こうとしているのだ。

心と法

「三界唯心」の最後に『起信論』の中でも空海や白隠など、宗派を問わず多くの思想家たちによって引用されてきた有名な言葉がある。

心生ずればすなわち種々の法生じ
心滅すればすなわち種々の法滅す

（『起信論』17）

心が生ずるとあらゆるもの（法）が現れてくるが、逆に心が消えると、すべてのものが消えてゆくという意味だ。それは先に、心を離れて物はなく、物を離れて心もないとしたのだから当然と言わねばならない。もちろん、ここで言われる心も心源の不覚によって生じてきた妄心である。そして、この心は主客、すなわち見るもの（能見相）と見られるもの（境界相）の二つに分裂し、その心にとってのみ意味のあるさまざまな物（法）の世界を捉え始める。つまり、この心は眼識・耳識・鼻識・舌識・身識・意識の六識に分かれ、それぞれ色・声・香・味・触・法の対象世界（六塵の境界）を捉えるようになるのだ。これら六識を通して経験するすべてが不覚の相（妄境界）であり、三界虚妄と呼ばれたことはすでに説明した。ところが、われわれはそうとも知らず好悪、快苦、損得を計り、それに執着してさまざまな問題を作り出す。大切なことは、この心と物はいずれも不覚から生じた無明の相であり、これが真理を覆うヴェールとなって、一法界の真実の世界が見えなくなっていることだ。

心は是れ根《こん》　法は是れ塵《じん》
両種猶お鏡上の痕の如し
痕垢《こんく》尽く除いて光始めて現ず
心法双《なら》び亡《ぼう》じて性即ち真なり

（永嘉玄覚『証道歌』）

心が生ずるとさまざまな物が現れてくる。そして、その心と物はあたかも鏡の上に積もった埃のように、われわれから真実を覆うヴェールとなっている。もしわれわれがその埃（心と物）を取り除くことができたら、たちどころに真理はそのありのままの姿を顕すであろうと彼は見ているのだ。ところが、われわれ人間は真理を翳す埃に過ぎない心（妄心）を自分の心と思い、また同様に塵埃に過ぎない物（染法）に囚われて、さまざまなカルマ（業）を作りながら、三界虚妄の世界を転々とさ迷っているのだ。

心と物の関係は心と世界にも当てはまる。心が生ずると物だけではなく、三界生死の世界も現れてくる。また逆に、心が消えれば物だけではなく、三界生死の世界もまた消えていく。そこのところを禅宗初祖のボーディダルマは次のように言う。

> 一念心生ずればすなわち三界に入り
> 一念心滅すればすなわち三界を出ず
> （菩提達磨『悟性論』）

心（一念心）が生ずるとわれわれは三界生死の物の世界を捉えるようになるが、心が消えると物の世界はそこになく、われわれは三界生死の世界を超えて、涅槃の世界へと帰っていく。このようにボーディダルマの『悟性論』を合わせてみると、『起信論』の言葉の意味がより一層明確になるであろう。

そして、いずれも問題は心（一念心）が生じるか、心が消えるかの違いで、三界生死の迷いの世界（サンサーラ）ともなれば、悟りの世界（ニルヴァーナ）ともなるから、これらは方向が全く逆なのだ。前者を『起信論』は生滅門（流転門）と呼び、後者を真如門（還滅門）と呼ぶ。心が生ずれば生々死々を繰り返す流転門となり、心が消えれば真如の世界に帰る還滅門となる。もちろん『起信論』は、われわれを真如の世界に連れ戻そうとしているのであり、そのためには妄りに起こる心を再び摂して、心の本源へと帰っていかねばならない。それを「摂末帰本」というが、天台大師が、もしわれわれが「心を本源に安んずる」ことができたならば、もはや生死の絆を断って、涅槃の世界に至るであろうと言ったことと同じだ。

ところが、われわれはそのようなことをこれまで一度も教えられてこなかったために、心を本源に安んずるどころか、心は本源からさ迷い出て、自ら三界生死の世界を作り出し、かえって自心所現の幻境に惑い、逼迫しているのだ。従って、われわれが辿るべきはこの心を再び摂して心の本源に帰っていくことであり（摂末帰本）、そのとき三界生死の世界は消え、その後に一法界の世界が顕れてくるであろう。つとに有名な『起信論』の言葉の意味はこんなところにある。

現代物理学

世界はわれわれの心が投影したものであるという仏教の世界観（三界唯心）は、われわれの認識の基盤である心と世界が密接に関係していることを物語っていた。心を離れて世界（境）はなく、世界を離れて心もない。

心に由りて境を現わし、境に由りて心を現わす。

（法蔵『妄尽還源観』）

この心はもちろん心源の不覚によって起こる妄心であり、それが妄りに起こる限り、われわれは三界生死の迷いの世界（妄境界）を離れることができない。と言っても、実のところわれわれは離れる、離れないなど、つまり親鸞が「生死出離」と言ったことなど、かつて一度も脳裏を掠めたことはなく、逆に、われわれは心に多大のエネルギーを注ぎ、さまざまな業（カルマ）にもようされて生々死々を繰り返しているのだ。

心と世界（境）が不即不離の関係にあるという仏教の思想に近接しているものを宗教以外に求めるならば、宗教とは最もかけ離れていると思われる物理学、と言っても、今世紀初頭に飛躍的な発展を遂げた現代物理学の創始者たちの言葉にそれを読み取ることができるだろう。

時間と空間の中に広がった世界は、われわれの心像でしかない。世界がそれ以外の何かであることをほのめかすものは、体験からは得られない……その矛盾を引き起こしているものは、いまだにわれわれがわれわれ自身の心（つまり世界像の作り手）を世界から退かせずに、納得のいく世界観をつくりあげられないでいるという事実である。世界には心がおさまるところがないのだ。そしてそれを無理にそのなかに押し込めようとすると、結局は、必然的に何らかの不合理が生じることになる。

（シュレーディンガー『量子の公案』）

世界がわれわれ自身の心が投影したものに過ぎないことを、現代物理学の哲人シュレーディンガー（一八八七〜一九六一）は「時間と空間の中に広がった世界は、われわれの心像でしかない」と言う。われわれはこれまで世界は外的に存在し、文字通り客観的に説明可能と思ってきた。しかし、世界は認識の基盤であるわれわれの心を捨象して論じることができないばかりか、心も含めた世界観を確立しようとすると、事態はさらに混乱するばかりで、とても納得のいく答えは得られないと言う。というのも、理路整然とした世界観を期待しても、心という不確定要素が一枚加わることによって、世界そのものまでもが確乎とした存在の基盤を失っていくように彼には感じられたのであろう。

翻って、自らの心が現出した幻の如き境界（自心所現の幻境）をどう説明しようと、納得のいく世界観となり得ないことは明らかである。それは流れる水に絵を描いて、それを留めようとするようなものだ。もちろん、ここで水とは心を意味し、絵とは世界を指している。世界は心に随って刻々と変化していくのに、その一瞬を切り取って見せることなどできないのだ。

われわれはこの心が、心源の不覚によって生じてきた妄心であることを知っている。この不覚妄心が見るものと（主）見られるもの（客）に分裂した結果、われわれは自己を世界から分離した「私」として見るようになる。そして、心それ自体がこの現象世界を作り出す担い手であるから、心を捨象して世界を論じることはできないのは当然であるが、一方、彼は気づいていないけれども、「私」もまた同じように心を捨象して論じることはできないのだ（後で詳しく取り上げる)。つまり、私も世界も心を離れては存在しないのだ。こんなわれわれが心(思考)でもって現象世界を解明しようとしても、それは無理というものだ。

思考それ自体が現象の一部であり、完全に現象の中に巻き込まれているから、思考により現象の根源を理解することはおそらく不可能である。

(シュレーディンガー『量子の公案』)

事実、「月華の比喩」からも分かるように、われわれの世界は論理的に説明できるほど確乎とした存在の根拠を持っていない。また、それゆえにかつて一度も解明されたことはないのだ。しかし、逆に言うと、この世界がわれわれが見ているように実体的に存在しているとしたら、それこそわれわれ人間が現在陥っている状況から逃れるすべはなく、永劫にさ迷い続けることになるだろう。われわれの世界が幻の如き存在(三界如幻)であるからこそ、この混乱と狂気に満ちた世界から真実の世界に目醒めるということもありうるのだ。

われわれには世界とそこにあるすべてのものを個々別々に捉え、自己をそれらから独立した存在と考える根強い習性がある。『起信論』では心が主客に分裂して、見るものと見られるものに分かれると説明されたが、われわれが知覚したものを客観的に説明可能とみる主客の二元論の代表的思想家にデカルトがいる。

デカルト哲学の二元論がもたらした私と世界との分離の結果、観測する人間に言及せずに、客観的に世界が記述できると信じられ、そのような自然の客観的記述こそが、すべての科学の理想とされるようになった。

（カプラー『タオ自然学』）

科学（学問）における真理は、誰が試みようと結果は同じであるという客観性にあることは言うまでもない。そこには個人としての人間はもとより、心というような主観が入る余地は全くなく、世界を含むすべての事物・事象について客観的に記述可能というのがすべての科学（学問）の基本にある共通理念である。ところが、カプラーは別の論文の中で、次のように言う。

科学的客観性についての古典的な理想はもはや支持できない……科学の探求は参与するものとして観察者を含み、それゆえ観察者である人間の意識（心）も含みます。観察者である人間と無縁な客観的な自然の性質というものは存在しない。

（カプラー『現代物理学は神秘主義に向かう』）

ここには観察するものとしての人間に言及することなく、世界あるいは自然を客観的に記述可能としてきた従来の科学の理想とは全く相反する方向に、現代物理学が向かいつつあることを示している。これまで科学は、観察者はもちろんのこと、意識、あるいは心というような極めて主観的な要素が入る余地は全くなかったばかりか、故意に避けてきた。というよりも、そのような真理は真理の名に値しないと頑なに信じられてきたのだ。

ところが、今日ではそうではなく、観察するものの意識、あるいは心が深く関与し、「観察者である人間と無縁な客観的な自然の性質というものは存在しない」とまで言う。今までは、観察する人間（主）と観察される対象世界（客）は完全に分離していて、そこには交渉はなかった。誰がやっても同じ結果が得られた。ところが現代では、観察者である人間と無縁な客観的な自然の描写は存在しないと言うのだ。しかし、ここに至るまでには少し長い歴史がある。

そこはやはりデカルトまで遡ることになる。デカルト的二元論というのは精神と物質の二つの領域があって、そこには互いに交渉がない。精神は思考するもの（cogitans）、物質は延長されたもの（extensa）として、二つの領域に截然と分けられるとした。そして、この精神（心）と物質（物）という二元論的思考方法は、その後の世界観を席捲することになる。

例えば、われわれの宇宙や自然はあたかも機械の如く、ある数式に従って、規則正しく運行しているという機械論的自然観が現れてくる。この哲学に基づいて、自然科学の分野でこれを発展、大成させたのがニュートンであった。分かりやすく言えば、精神と物質というデカルト的二元論の物質の領域を、科学的に理論づけるのに大きな役割を担ったのが彼であったのだ。これは後にニュートン力学、あるいは現代物理学と区別して古典物理学と呼ばれるようになるが、観察するものとしての人間を考慮することなく、自然あるいは世界を捉えられるとした理論的背景にはデカルト的二元論があったのだ。

ところが、先ほども言ったように、現代では精神と物質（心と物）との関係が全く違うように理解されるようになってきた。それはどういうことかというと、原子以下の微細な世界になると、心と物というのは密接に結びついていることが分かってきた。今までのデカルト的二元論に基づく古典物理学では、観察者と観察対象とは完全に分離して客観的に論じることができたが、現代ではそれらは切り離せない関係にある。つまり、精神と物質（心と物）は切り離しては考えられない。心を語れば物についても言わねばならず、物を語れば心についても言わねばならないということだ。

このように二元論的な思考方法で、世界あるいは自然の解明に取り組むことの矛盾がようやく認識されてきたと言えるが、仏教は早くから心と物とは緊密に結びついていて、それらを分けて語ることはできないことを知っていた。しかし、ここで注意しなければならないことは、科学と宗教、いずれの場合も、われわれの日常意識、すなわち表層意識で捉えた世界がそうだというのではない。

心（宗教）ならば瞑想などによって心の本源へとより深く入っていくことによって、心と物、あるいは心と世界が分かちがたく結びついていることを知るのであり、一方、物（科学）に関しても、物質を構成する基本要素を見極めようとして、分析に分析を重ねた微細レベルで初めて、心と物が相互に関係していると分かるだけなのだ。われわれが意識の表層レベル、すなわち日常意識で見ている限り、相変わらず心と物、あるいは私と世界はそれぞれ外的に存在しているようにわれわれには映る。私はものの見方には二つあるとしたが、心と物についてヴァーティカルにその本質を見極めようとするとき、初めてそれらが相互に依存していることが分かるというだけなのだ。

精神と物質

宗教と科学が扱うテーマは、精神と物質（心と物）というようにそれぞれ異なる領域にあるように見えるが、宗教、なかでも仏教は早くから精神と物質の間に緊密な関係があることを知っていたこともあり、一方だけを扱うことはなかった。精神と物質がそれぞれ独立した存在ではないことをボーディダルマは、

心の外に物はなく、物の外に心はなし。

（菩提達磨『無心論』）

と明確に述べている。確かにデカルトの二元論的な自然観はその後の学問、とりわけ自然科学の発展に大いに寄与した。しかし、物質文明がもたらした弊害も否めず、巷間、識者といわれる人々によってさまざまに取り上げられ、議論もされているようだが、お決まりの結論は心（精神）の教育ということだろう。

しかし、大人から子供にいたるまで、現代社会の狂態を見るにつけ、いまさら精神主義などを持ち出すなど、とても正気の沙汰とは思えないし、物（物質）のほうに振れていたものを少しばかり心（精神）に戻してみたところで、結局、人間は物（金）を追い求め、同じ愚行を繰り返すであろう。なぜなら、この世で最も貧しく、常に問題を抱え、足ることを知らないのは精神（心）であるからだ。問題は『起信論』が心源の不覚無明によって心・物（心・法）が生じ、い

ずれも克服されるべき不覚の相と見なしていることをどう考えるかということだ。

カプラーが言いたかったのは、デカルト的二元論、あるいはニュートン力学の剛体の世界ゆえに、心と物とは完全に分離しているものと考えられてきたが、現代物理学はそうではなく、東洋の考え方に非常に近づいてきたということであろう。しかし、私が見るところ、確かに彼が言うことに一面の真理は認められるが、それだけではないことを、私は以下に言わねばならない。

この心と物の二分法はデカルトだけに留まるのではなく、古くから論争の火種ともなった。心を存在の基本要素と見れば、それは唯心論、あるいは観念論になるだろう。心の存在だけを認めるあまり、世界とそこに含まれるすべてのものは仮像に過ぎないということになる。一方、物を存在の基本要素とするならば、それは唯物論ということになるだろう。そうすると、心というものは物から派生してきた副産物ということになる。

この心・物の二分法は、どこにもかみ合うところを見出せないまま、歴史においては単なる方法論に留まらず、思想的、政治的に凄惨極まりない悲劇を生み出す原因ともなった。そこにおくればせながら、現代物理学はこの二分法では理解できない事象に遭遇し、心と物は緊密に結びついており、観察者がその中に巻き込まれていくような世界であると言う。そして今では、心を語るときは物を語らざるを得ないし、物を語るときは心を語らざるを得ないところに来ていると。

では、仏教（宗教）はどちらの立場に立っているのだろうか。一般的には、「三界唯心」など、仏教の世界観から判断して、唯心論の立場を採用しているように思われるかも知れないが、そうではない。というのも、この世界観は、世界はそれだけで存在しているのではなく、外的に存在するとみられる客観世界も見る主体の心と密接に結びついているということで「三界唯心」と言われたように、単なる心と物の二分法から得られた結論でないことは明らかである。また、先に引用した「心の外に物はなく、物の外に心はなし」から推しても、心と物のいずれかを単純に当てはめることはできないであろう。

さらに、心と物は「両種（心と物）猶お鏡上の痕の如し」（『証道歌』）と言われていたように、ともにいつかは克服されるべきものであることに注意を要する。つまり、仏教は存在の基本原理を心とも物ともみていないのだ。つまり、仏教は唯心論をとるのでも、まして唯物論をとるのでもない。むしろ、心と物が現れてくる第三のものを考えているのだ。しかし、それを言う前に、現代物理学が精神（心）と物質（物）の関係を捉えなおし、さらに東洋の思想に近接している例を一つ挙げておこう。

> 古典的な物理学では、物質（それが唯一の真の実在であった）は完全に唯物論的・機械論的もので、心の入る余地はなかった。しかし、新しい物理学では、心は物質から芽生えてくるのです。実際、物質は心の本質を含んでいます。この二つは両方とも、実は全体からの抽象なのです……そうは言っても、心と物質は等しいとか、前者は後者に還元されるとか言っているのではないのです。それらはむしろ平行する二つの発達の流れであり、そして、それらの流れは両者の彼方の、今のところ記述不可能な共通の基底から発祥しているのです。おそ

らくその「彼方」とは、神秘家が内在も超越も一緒に、一つの全体として体験するその場所なのでしょう。

（ボーム『科学と神秘主義のあいだ』）

ボームは心と物は全体からの抽象であり、心・物がともに現れてくる共通の基底があるのではないかと見ているのだ。そして、いみじくもその基底は神秘家が体験するあの「一つの全体」ではないかと言う。そして、一つの全体（基底）である「彼方」の場所を『起信論』の言葉で言えば、諸法の本源である一法界の世界ということになるだろう。

ボームは心と物の共通の基底、あるいは一つの全体が何であるかには立ち入らないが、仏教は心と物が互いに深く関係していることを明らかにしただけではなく、あえてそれらが現象してくる全体（それを仏教は「法界」という）を見届けようとしたのだ。心の外に物はなく、物の外に心がないなら、心がなければ物はなく、物がなければ心もないはずだ。

心外に物あること無く　物無くんば心もまた無し。
二（能取・所取＝主・客）の無なるを解するを以ての故に　善く真の法界に住す。

（『大乗荘厳経論』）

心とは主体（能取）であり、物とは客体（所取）である。心と物は互いに離れてあるのではないから、心が消えれば物はなく、物が消えれば心もない。もしわれわれが主客（心・物）二つながら無であることを覚り、共通の基底に到達すれば、たちどころに全体はその真の姿を顕してくるというので、論者（アサンガ）は「善く真の法界に住す」と言ったのだ。

かくして、第三のものとは心と物がともに消えていく法界ということになる。否、法界はまた心と物が生じてくる基底でもある。このように心と物は仏教においては存在の基本要素ではなく、これら二つが現れてくる場所としての本源（基底＝法界）を考えているのだ。心をとれば唯心論、物をとれば唯物論であるが、仏教はそのどちらでもない。また、心を研究テーマとすれば心理学であり、物を研究テーマとすれば物理学であるが、そのどちらもわれわれ人間にとって究極のテーマにはならないということだ。

確かに現代物理学は、心と物は相互に関係があるのではないかというところまでは来たかもしれないが、まだその先は見えていない。ともあれ、時代はようやく心・物、二つながらの源である一なる全体（基底＝法界）を見届けようとした仏教（宗教）の思想に近づきつつあるのかもしれない。しかし、心・物の源である基底（法界）を客観的に記述することは誰にもできない。なぜなら、そこは主客の二元論的な認識構造では踏み込めない「彼方」であり、心・物、あるいは主客二つながら消え去る無の空間でもあるからだ。心が消えれば物はなく、物が消えれば心もない、そういう場所であるからこそ「二（主客）の無なるを解するを以ての故に　善く真の法界に住す」と論者は言ったのだ。その「彼方」を体験的に知るためには当然のことながら、全く異なる方法論が求められてくることになる。何と言っても、主客（心・物）がともに無（空）となることなど、われわれの日常では考えつかないことであるからだ。

第三章　存在論――返本還源

現象と存在

心と物は存在の基本要素ではなく、神秘家が体験しているあの場所（法界）から現れてくる。しかも、それは不覚無明によって心が妄りに生じ、それにともなってさまざまな物（の世界）が現れてくるのだ。そして、今われわれの心が捉えている現象の世界に対して、彼らが一つの全体として体験するその場所を存在の世界と呼ぼう。と言っても、これまで説明してきた生死の迷いの世界（生滅門）と涅槃の悟りの世界（真如門）の違いなのだ。この相違を端的に表現したものに、六祖慧能の法を嗣いだ永嘉玄覚の詩句がある。

一月は普《あまね》く一切の水に現じ
一切の水月は一月に摂《おさ》む

（永嘉玄覚『証道歌』）

月は一つであるけれども、無数にある地上の川面や湖に月影が映し出される。しかし、この無数に存在する月影も、もとはと言えば一つの月（一月）に収まってしまう。われわれが今捉えている世界がこの月影に当たることは言うまでもない。「一月」は一なる真理（一つの全体）を、そして「一切の水」はわれわれ自身の心を指している。真理は一つであるけれども、われわれの心の鏡にはさまざまな影が映し出されてくるのが現象の世界なのだ。それに対して「一切の水月」が「一月」に収まっていくように、あらゆるものが帰趨する生の源泉が存在の世界なのだ。このように理解してくると、前半の句はわれわれが今いる現象の世界を、後半はわれわれが帰るべき存在の世界を詠んだものであることが分かる。そして、月影は月そのものではないように、われわれは真実そのものを見ているのではなく、真実の影（それを虚妄、虚偽、如幻、幻影とさまざまに呼ぶ）を見ているのだ。

しかし、存在の世界と現象の世界、あるいは真実と虚妄は微妙に関係しながら、非常に難しい問題を孕んでいる。というのも、確かに月影は実際には存在しない仮有実無であるが、さりとて全く無意味なものとして取り去ろうとするのも行き過ぎのように思える。というのも、それは真実（一月）の影であるからだ。しかし、だからと言って、鏡に映った顔を自分の顔と取り違え、化粧などを施し始めたらそれこそ問題であるように、影と戯れていては決して真実は見えてこないことは、誰の目にも明らかである。

このように、われわれが見ているものは虚妄（幻影）に過ぎないが、それが真実の影であるところに対応の難しさがあるのだ。何よりも注意しなければならないことは、われわれの世界が幻影、虚妄、仮象の世界であるからといって、力ずくでこの世界を改革しようとしたり、まして破壊活動に手を染めることは正しい対処の仕方とは言えない。

また、「一月は普く一切の水に現じ」ているのであるから、現象の世界は存在の世界を映している。つまり、真実を離れて虚妄があるのでもない。われわれは真実をどこか遠い世界に求めるのではなく、われわれが見ている虚妄の中に、すでに真実は文字通り影を落としている。ただわれわれが心（妄心）のフィルターを通して見ているために、真実が見えていないだけなのだ。

われわれの心には、本来、色もなければ形もない光が、そこを通過すると七色に分けるプリズムのような働きがある。そしてわれわれの場合、分けるだけには留まらず、さらに分かれた色についての好悪を初めとしてさまざまな判断（分別）を下し、二元相対する世界を作り上げていく。

かくして、人間は自らの心が作り出した虚妄の世界でさまざまな業（カルマ）を積み上げながら、二元葛藤する生死の世界を転々とすることになる。しかし、もしわれわれが心のフィルターを除き、直接見るならば、真実は了々と顕れてくるであろう。それは「一切の水月は一月に摂む」ことを体験的に知る時であり、これを知るためのプロセスが、生滅門（サンサーラ）から真如門（ニルヴァーナ）へと辿ることなのだ。

生滅門から真如門へ

『起信論』は初めに、真如門と生滅門の二門をあげていた。真如門は涅槃の世界であり、生滅門は生死の世界であった。この違いは、われわれの心に心真如の相（真心）と心生滅の相（妄心）の二相があることから生じてきた。真心で捉えるならば涅槃の世界（ニルヴァーナ）となり、妄心で捉えるならば生死の世界（サンサーラ）となる。もちろん『起信論』は、われわれ人間を生滅門から真如門へと連れ戻そうとしている。

生滅門より即ち真如門に入ることを顕示せん……無明の迷の故に心を謂《おも》うて念と為すも、心は実には動ぜざれば、若《も》し能《よ》く観察して、心は無念なりと知らば、即ち随順して真如門に入ることを得るが故なり。

（『起信論』69）

『起信論』は真如門に入るに当たって、「よく観察して、心は無念なりと知るならば」と条件を示している。これはどういう意味であろうか。一般に心というと、われわれは思考や感情などをイメージするけれども、それらは想念（念）であって心ではない。心には本来そのような想念もなければ、妄りに動くこともないと『起信論』は見ているのだ。ただ、そこに「無明の風」が吹くと心にさまざまな想念、つまりわれわれが言うところの心（思考や感情）が妄りに起こってくるのであり（衆生の自性清浄心も無明の風に因りて動く）、それを誤ってわれわれは心と呼んでいるに過ぎないというので、「無明の迷の故に心を謂うて念と為す」と言ったのだ。

これまで心を真心と妄心に分け説明してきたが、後者は思考や感情を含むさまざまな想念が妄りに起こることを言うのに対して、前者はそのような想念がないこと、すなわち無念であり、心をそのようなものとして知ることができたら、あなたは真理に叶って、真如門に入ることができるだろうということだ。

この無念を禅的に言えば無心ということになるが、われわれが心と呼んでいるものは想念（念）に過ぎず、それが除かれた無心こそあなたの本当の心、すなわち真心であるということだ。それはボーディダルマにおいて、真心と無心は同じことであったこととよく符合する（無心というは真心なり、真心というは無心なり）。さらに彼は、われわれ人間が六道輪廻の世界を転々とさ迷うことになった理由として、心は本来無心（無念）であるにもかかわらず、そこに妄りに心（念）が生じ、われわれがさまざまなカルマ（業）を作るからであるとした。

何が故に衆生は六趣に輪廻し、生死を断たざる。答えて曰く、衆生は迷妄にして無心の中において妄りに心を生じ、種々の業をつくって六趣に輪廻せざるはなし。

（菩提達磨『無心論』）

こう見てくると、われわれは不覚無明によって妄りに起こってくる心（念）を自分の心と見誤って、生死の世界をさ迷っているのであるから、生滅門から真如門に入るためには、心（念）を離れ、心は本来無念（無心）であることを知れば、生滅門から真如門へ入るであろうということになる。

さて、われわれは「生の由来」はもとより「死の所去」も分からないまま、徒に生と死を繰り返している。しかし、ここにきて少なくともわれわれが辿るべきところは、生滅門から真如門、つまり生死の迷いの世界から涅槃の悟りの世界であることがはっきりとしてきた。しかし、誤解があっては困るが、それは決してわれわれが死んだらどこへ行くかという問いに答えたものではない。確かに「死の所去」が問われているのはその意味であるが、死がそのまま涅槃の世界であるとは言っていない。またそうなら何も問題はなかったはずだ。生滅門から真如門へという方向はわれわれが辿るべきところであって、決して再生（輪廻転生）につながるような「死の所去」を言ったものでないことだけは明確にしておかねばならない。

ともあれ、われわれが辿るべきは生滅門から真如門であり、これだけでも宗教の存在意義は十分に認められねばならないだろう。というのも、果たしてどれだけの大人が生の辿るべき方向を示せるであろうか。否、それが分からないために生き急ぎ、ただ身近な欲望、それは物であったり、金銭であったり、名誉（権力）であったりと、対象は何であれ、それを満たすことに汲々としている大人たちを見ることになるからだ。

われわれが辿るべき真如門とは涅槃の悟りの世界であるが、ここで思い出してほしいことは『起信論』における悟りとは心源を覚ることであった（「心源を覚するを以ての故に究竟覚（仏）と名づく」）。すると、われわれが辿るべきところは具体的には心の本源ということになるだろう。われわれが心と見なしている思考や感情など、さまざまな想念を離れ、その本源に帰っていくことが求められているのだ。「心は無念なりと知らば、即ち随順して真如門に入る」とあった、その実践的なプロセスは、心から心の本源へと辿ることなのだ。

われわれは生死を超えた永遠の世界をどこか「彼方」の世界に求めるのではなく、いわんや死後の世界に期待をかけるのでもなく、われわれの心の本源こそ辿るべき永遠の世界なのだ。それが一法界の世界であり、さまざまな想念（念）を離れた真理（真如）の世界でもあるから、「離念の境界」とも言う。『起信論』という書物は、すべての人が「念を離れて真如に帰せしめんがため」に書かれたものであり、良くも悪くもわれわれを生死の絆に繋ぎ止めている想念（心）を離れ、真如の根源世界へとわれわれを連れ戻そうとしているのだ。

生の源泉

われわれが辿るべきところは、生死の世界（生滅門）から涅槃の世界（真如門）ということになった。ではもう一方の問いである、われわれはどこから来たか（生の由来）を考えてみよう。そうすればこの人間の根本問題は一様の完成を見るであろう。

『起信論』はわれわれが帰趨すべき生の源泉を心源、真如、法界、無境界といろいろと呼ぶが、禅の思想家慈遠はそれを「真源」と呼ぶ。

それ諸仏の真源は衆生の本有なり。迷いに因るや三界に沈淪し、悟りに因るや頓《とん》に四生を出ず。ゆえに諸仏として成るべき有り、衆生として作るべき有り。

（廓庵『十牛図』「総序」）

真源は仏だけではなく、われわれ人間（衆生）にとっても共通の基盤であり、真源に迷うとわわれわれは三界生死の世界に沈淪し、悟ればたちまち六道・四生を超えて涅槃の世界に遊ぶ。真源の覚・不覚によってわれわれは、仏ともなれば衆生ともなるということだ。そうすると、仏と衆生の間にはそれほど大きな違いはないことになる。確かにわれわれは現在、三界生死の虚妄の世界にあるが、今もなお真源を携えているというので「真源は衆生の本有なり」と彼は言う。

そして、仏とはこの真源に帰り着いた人のことであり、衆生とは内に真源を運びながら、それを知らず、生と死を繰り返しているわれわれ自身のことだ。空海が「自ら諸法の本源を運びて、三界を画作し……備さに諸苦を受く」と言ったのもこの意味なのだ。そうすると、われわれ人間がどこから来たのかが少し分かってくるであろう。

つまり、われわれが来たところは真源であり、帰るべきところもまた真源であるということだ。そして、二つの真源の間（あわい）が三界生死の虚妄の世界であり、真源に辿り着くまでわれわれの生々死々は続くということだ。この真源（本源）に還り行くことを「返本還源」と言う。仏となろうとも、また衆生に甘んじていようとも、その本質は変わりなく、要は、われわれが生の源泉に帰るかどうかの違いなのだ。

法性の都を迷い出でしも一念の妄念による。迷いをひるがえすも一念なり。

（一遍『播州法語録』）

一遍は「法性の都」と言う。われわれは一念の妄念によって生の源泉である法性の都（法界）からさ迷い出てきたのだ。「一念の妄念」を『起信論』的に言えば、もちろん心源（真源）を覚ることができず、忽然と念（心）が起こる無明を指している。この不覚妄心によって、われわれは生死輪廻する虚妄の世界へと退転してきたのだ。だから、迷いを翻して、再び法性の都へ帰って行きなさいと彼はわれわれに勧めているのだ。法性の都を迷い出でたのが一瞬の不覚なら、迷いを翻して再び法性の都に帰っていくのもまた、一瞬の覚りであるということだ。この一瞬の覚りを白隠は、

理尽き詞（言葉）究まる処に於て、忽然として生死の業根を抜翻し、無明の窟宅を劈破《へきは》す。

（白隠『藪柑子』）

と言った。無明の始まりが忽然と念（心）が起こるときなら、無明の終りは忽然と念（心）が消えるときであり、そのときわれわれは生死の業根（カルマ）を絶ち、法性の都に帰っていくだろうということだ。

仏教以外の宗教に目をやると、イスラーム神秘主義（スーフィズム）の思想家モッラー・サドラー（一五七一～一六四〇）は、われわれが帰るべき生の源泉を「始源」と言う。

存在について無知なものにあっては、魂がいかにして究極の始源に帰り行き、その旅路の最終点に到達するかについても、全く知らない。

（モッラー・サドラー『存在認識の道』）

人生という旅は、始源という言葉が明確に示しているように、われわれがそこから来た本源に再び立ち帰ることによって初めて本当に安らぎを得るのであり、それが人生の究極目的を達成す

ることにもなっている。しかし、そうとも知らずますます始源（本源）から遠ざかり、いつも夢ばかりを追い続けているのがわれわれ人間なのだ。存在について無知な大人はそれをすばらしいことでもあるかのように言う、全く愚かなことだ。そして、人が求めているものが幸福だとして、それが夢の実現にあるとあなたが考えているなら、あなたは幸福というものをもう一度考え直した方がいいだろう。なぜなら、幸福は未来のどこかにあるのでもなければ、またわれわれの外側（人・物）にあるのでもなく、われわれ自身の存在の根源（諸法の本源）にもとより存在しているものなのだ。この本源の世界をスーフィズムは存在一性の世界と呼ぶ。

さらにキリスト教最大の神秘思想家エックハルト（一二六〇〜一三二八）は「原初」と言う。すべての草もまた原初の純粋性においては一である。そこではすべてのものは一である。原初の初めは最後の終りのためにある。生が一つの存在であるような生の明白な原因の内に連れ戻されない限り、生は決して完全なものとはならない。

（エックハルト『説教』）

彼は人間だけではなく、存在するすべてのものは、われわれの目に個々ばらばらに映っているけれども、深くものを見る者の目（瞑想などによって）には、この孤立は単なる仮象であって、その「原初の純粋性」において万物は一なるものであることが分かると言う。もちろん、原初とは始源であり、初めが終りとなるところに、われわれ人間にとって究極の安息の場を見ている。彼の場合も、原初（始源）こそ人間が辿るべきところであり、そこにおいてのみ生は完全なものとなる。いずれもボームが言った「神秘家が内在も超越も一緒に、一つの全体として体験するその場所」を指している。

このように宗教というのは、「どこからどこへ」という人生の根本問題を考える場合、本源、心源、真源、法界、法性、原初、始源……と呼び名はさまざまであるが、あらゆるものがそこから現象してくる本源（諸法の本源）というものを想定していることが分かる。

われわれはどこから来たのかというと、それは本源であり、どこに嵌り込んだのかというと、生死際なき時間の世界であり、何になったのかというと、生と死を繰り返す常没の凡夫であり、われわれはどこに向かって急いでいるのかというと、死に急いでいるのであり、どこから救済されるのかというと、生死輪廻する虚妄の世界であり、そのためにわれわれはどこに向かうべきかというと、旅路の最終点である生の源泉であり、その本源に辿りついて初めてわれわれは、本当の意味において自由と安寧を手にするとなろうか。

以上、「どこから来てどこへ行くのか」という人生の根本問題に焦点を当ててきた。わずかな例で申し訳ないが、宗教はこの問題に早くから答えを出していたことが分かる。ただわれわれの耳に届かなかっただけなのだ。われわれはどこから来たのかというと本源であり、どこへ行くのかというと（正しくは、どこへ行くべきかというと）それもまた本源である。ところが、われわれ人間はこの本源と本源の間（あわい）で帰るべき永遠の故郷（法性の都）があることをすっかり忘れ、徒に生まれ、徒に死を繰り返しているのだ。

それはちょうど『法華経』に登場する「父を捨てて逃逝し、遠く他土に到り」、かえって逼迫している「窮子」のようなものなのだ。この「長者窮子」の比喩はわれわれ人間が落ち込んでいる状況をよく表している。誰が強要したわけでもないのに、富める父の家(永遠の故郷)を投げ捨てて、遠く三界生死の世界(他土)を独り巡り、あれもこれもとまるで乞食のように地上を徘徊する痛ましいわれわれ人間の姿を、白隠は次のように詠んだ。

長者の家の子となりて
貧里に迷うに異ならず

(白隠『座禅和讃』)

「どこから来てどこへ行くのか」という人生の根本問題が存在していることをわれわれは知ってはいても、結局は忙しさの中で忘れてしまい、気づく頃には年老いている。そして、われわれには帰るべき永遠の故郷があることを知ることもなく、諦めにも似た無力感の中で、独り死と対峙することになる。そういう意味で、宗教がわれわれ人間の帰るべきところを示し得たことは非常に大きな意義があると言わねばならない。ところが、「窮子は愚痴・狭劣にして、わが言を信ぜず」とあるように、にわかに信じる人がいるとは私も思っていない。そこで、徒労を承知でさらに補うとすれば、比較的多くの人に知られている『般若心経』のマントラを例に挙げるのがよいだろう。

『般若心経』のマントラ

世間の凡夫は諸法の本源を観ぜざるが故に、妄に生ありと見る。所以《ゆえ》に生死の流れに随《したが》って自ら出づること能《あた》はず。

（空海『吽字義』）

人間は「諸法の本源」を見て取れないために、妄りに生（と死）があると思い、死はできる限り遠ざけ、生にはどこまでも執着する。これはいずれも不覚無明から生じてきた妄念、あるいは妄執に過ぎないが、それがためにわれわれは生死の流れから離れられないのだと空海は言う。ここでわれわれは改めて広劫多生の間、生死の苦海に沈淪してきた根本原因が本源（心源）の不覚にあることを確認しておこう。さらに、生死が続いていくのもわれわれが帰るべき永遠の故郷（本源）があることを知らず、ただ妄りに生に執着する妄執にあることも（後で詳しく取り上げる）。

空海もまた『性霊集』の中で「久しく方《みち》を還源に迷うて、長く境を帰舎に酔えり」と言って、長い間、辿るべき道が分からないために、迷いに迷いを重ね、何度も三界生死の世界を往来していたことを認めている。しかし、辿るべきは、人間をも含むあらゆるものの本源（諸法の本源）に還《かえ》ること（還源）であったと知る。そして、幸いにも本源に帰り着けば、われわれはかつて一度も生まれたこともなければ死んだこともない永遠の生（それを「不生の生」と言う）を知ることになると彼は言う。

このような理解に立って、空海はつとに知られた『般若心経』のマントラに彼独自の解釈を付している。漢訳とサンスクリット語で示せば次のようになるが、マントラである限り、漢訳で誦することにどれだけの意味があるか、今は問わない。

掲帝　掲帝　般羅掲帝　般羅僧掲帝　菩提僧莎訶

gate gate paragate parasamgate bohdi svaha

このマントラを空海は自らの悟りの体験に照らして次のように理解した。

行行として円寂に至り　去去《ここ》として原初に入る

三界は客舎の如し　一心はこれ本居《ほんこ》なり

（空海『般若心経秘鍵』）

心の本源（一心）は、もとより静寂で至福に満ちている。何ら欠けるものはない（円寂）。いつも変わらずそうなのだ。ところが、われわれは本源に背いて、いま生死の苦海に身を沈め、長者窮子の譬えの如く、火宅無常の世界をあくせくと駆けずり、あれこれと求めはするが、死に急ぐものに本当に落ち着ける安らぎの場所などどこにもない。なぜなら、この世は仮の住まい（三界は客舎）であって、われわれが本当にあるべきところではないからだ。あなたは気づいていないけれども、帰るべき本当の住処はあなた自身の内なる本源（原初）にある。心の本源こそわれわれの本当の住処であるというので、「一心はこれ本居なり」と彼は言ったのだ。

『起信論』的に言えば、心源、真心、心性、自性清浄心が、われわれの帰るべき本当の住処であるということだ。心源の覚りがとりもなおさず涅槃の都であるから、それは当然と言わねばならない。だからあなたはどこに赴くこともない、ただ心の内側へと深く、より深くへと入り、あなたの実存の中核である本源（一心）に辿り着きさえすればそれでいいのだ。そこがあなたの永遠の故郷であり、真に安らぐ涅槃の都であるから、というのが空海のマントラ理解なのだ。彼はまた、永遠の故郷を分かりやすく「本宅」とも言う。

衆生は狂迷して本宅を知らず、三趣に沈淪し四生に跉跰《りようびよう》す。苦源を知らざれば還本《げんぽん》に心なし。

（空海『秘密曼荼羅十住心論』）

われわれ人間は狂迷して帰るべき本当の家（本宅）があることを知らず、欲界・色界・無色界という迷いの世界（三趣＝三界）に淪み、胎・卵・湿・化（四生）というようにさまざまなものに生まれては消えて行く。

人は迷いに迷いを重ねながら、忙しく外を駆けずり、手に入れては喜び、失っては悲しむ。この悲喜の涙は一体何なのかを、われわれは少し立ち止まって考えてみる必要があるのではないか。もしわれわれがその根本原因を突き止めることができたら、これほどの狂乱と混迷はなかったはずだ。しかし、この「もし」が容易でないことは、われわれの誰もが仮の住まいで、ただひたすら後れを取るまいと走り続けているようでは、望むべくもないことかもしれない。

一体、社会という車輪を廻し、徒に競争を煽っているのはわれわれ自身であり、この立ち上げては壊れていく社会の中にあって、どうして同じように忙しく走り続けなければならないのか、一度は根本的に問い直さない限り、さしたる意味もない権力抗争に敗れ、また悲運にでも遭遇すれば、人の世の無常を嘆くのが落ちだろう。そして、たとえ思惑通りに事が運んだとしても、生・老・病・死の四苦を逃れられる人は誰もいない。いずれにせよ、それらはすべて生死輪廻の副産物であり、決して一義的な意味における原因ではなく、空海の言う本当の意味の「苦源」ではない。

みな人の涅槃常楽しらずして
生死無常をなげくあはれさ
（『一休道歌』）

われわれが徒に生死の円環を巡ることになる本当の「苦源」は、われわれが狂迷して、帰るべき本宅があることを知らないことにある。事実、われわれはこれまで一度も教えられてはこなかった。というか、われわれの耳目には届かなかった。ならばどうしてわれわれが本宅に帰ろうとするであろうか、というので空海は「還本に心なし」と言ったのだ。言うまでもなく、還本とは涅槃の都である本源、あるいは本宅に還るという意味である。

生の目的

限られた生命を惜しむかのように、われわれは波々として生を渡り、老いては死が近いことを悟る。それでもなお社会の不条理と混乱を憂い、いかに正すかを論じ、その上、国家未来でも語ればば一時の慰めとはなろう。これまでわれわれはどこに到達することもなく、立ち上げては壊し、歴史はその繰り返しであった。そして、未来に何が起こるかなど誰にも分からない。個々の人間にとって確かなことは死だけなのだ。そして「人間的に言えば、生命がある間だけ希望があるに過ぎない」（キルケゴール）。それを知ってか、知らずか、高尚なもの（？）から卑近なものまで、目的は何であれ、われわれはその達成のためにこれまで多大のエネルギーを注いできた。そして、成功すれば喜び、達せられないと悲しむ。生とはこれら経験の総和なのであろうが、果たして生の目的、あるいは存在の意味はそれだけなのであろうか。

インドのファテプル・シークリーに「この世は橋である。だから渡っていきなさい。そこに家など建ててはならない」という碑があるそうだ。橋は渡るためのものである。そこに家を建てる人はいない。しかし、この世も橋だと言うのだ。すると、われわれは橋の上に家を建てようとしているのではないか。つまり、われわれは渡っていかねばならない橋の上に、未来のユートピアを築こうとしているのではないかということだ。もちろん住む家は必要である。しかし、この世は橋に過ぎないと知ってするのだ。つまり、どんな家も仮の住処であって、終の棲家ではないということだ。

それは家だけではなく家族もそうなのだ。ところで、家督を継ぐ者を残すことが人間の義務としてあるそうだが、生と死が人間の妄執だと知らない人間の、あまりにも人間的、動物的な論理の捏造のように私には映る。もっとも人間も動物に過ぎないと開き直られたら返す言葉もないが、われわれは帰るべき永遠の故郷（本源）があることを知らず、橋の上に営々と仮の住まいを築き、それに執着するあまり、自分の亡き後まで心を配るとは、人間理性の限界というか、合理的な愚かさを見るようだ。

われわれは橋の上に居残って互いに競い、優勝劣敗と騒ぐ。この「橋の比喩」は容易に空海の本宅を連想させる。われわれには帰るべき原初の世界があり、心の本源（一心）こそ終の棲家であるというものであった（去去として原初に入る　一心はこれ本居なり）。そして、本源に帰ることを禅は「返本還源」ということもすでに述べた。

しかるに源に返ることを解《さと》らずして、名に随い相を逐《お》えば、迷情妄起して、種々の業を造る。

（『馬祖語録』）

馬祖もまた、われわれ人間は本源に帰ることを知らず、言葉や形（物）にとらわれてさまざまなカルマ（業）を造るから、生死の世界を離れられないのだと言う。そして「返本還源」を言い換えたものが「摂末帰本」であった。摂末帰本とは文字通り「末を摂して本に帰る」という意味だが、「末」とは具体的に言えば、われわれが橋の上（三界生死の世界）に居残って試みるすべてのことを言う。「本」とは何度も言うように本源（諸法の本源）、あるいは心源（一心）であり、そこがわれわれの終の棲家であり、涅槃の都でもあるからだ。ところが、われわれ人間は摂末帰本どころか、本末転倒して仮の住まいを本宅と思っているのだから、一向に帰ろうとするはずもない。仏教はわれわれ人間を「転倒の凡夫」と呼ぶが、その意味はここにある。

末を摂して本に帰すれば（摂末帰本）、一心を本となす。一心の性は、仏と異なることなし。（空海『遺誡』）

われわれが本源に帰ることは、ただ象徴的な意味だけではなく、末を摂して本に帰ることは仏になることでもあるのだ。本源は心源でもあり、空海の場合、『般若心経』のマントラ理解からも分かるように、一心をわれわれが辿るべき心源（本居）と理解していた。そして、仏とは本源（一心）に返り着いた人のことであり、衆生とは内に本源を運びながら、そのことを知らないで生と死を繰り返しているわれわれ自身のことだ。

日常生活の中でわれわれが解決していかなければならない問題はたくさんある。それこそ家も建てなければならないだろう。しかし、どれも生の究極の目的とはならないことはこれまでの説明で理解していただけたであろう。要するに、われわれには帰るべき永遠の故郷があるということだ。それを簡単に言ったのが「返本還源」、あるいは「摂末帰本」なのだ。そして、これが生の目的であり、われわれが辿るべき道なのだ。

宗教と教育

プラトンは、真理とはわれわれが持っていながら忘れているものを想起することだと言った。この考え方は教育という言葉が本来持っている概念と一致する。教育（education）という言葉の語源はラテン語のeducoであるが、この動詞には「引き出す」という意味がある。つまり教育とはわれわれはがすでに所有しているものを記憶の彼方から引き出し、想起するということなのだ。普通、教育というと、知識や技術を教授し、また身につけることと考えられるが、それはせいぜい世渡りの役には立つであろうが（それを世間知と言う）、宗教は新たな知識や情報を掻き集めることではなく、すでにわれわれが所有しているものを再発見する方法を説こうとしているのだ。

宗教は新たに何かを与えることではなく、必要なものはすでに与えられている、それに目覚めるかどうかの問題なのだ。だから仏陀のことを「真理（真如）に目覚めた人」と言うのだ。ここを誤ると、宗教が他の学問と同じように、知識や教養に堕し、それで宗教を知ったと錯覚することにもなりかねない。本来、宗教とはイスラーム神秘主義（スーフィズム）がその方法論として取り入れたジクル（dhikr）に想起という意味が込められているように、われわれがすでに所有しているものを再認識することなのだ。

この真理を再認識することによってのみ、真の文化が育ってくる。というのも、文化（culture）には耕作という意味があり、われわれがすでに所有していながら、埋もれている真理を耕《たがや》し、取り出してくるという意味であるからだ。ここで、如来蔵とはわれわれが内に真理（如来＝仏）を蔵しているという意味であったことを思い出してほしい。また、「起信」の意味が「自ら己身に真如法ありと信じる」ことであったことも。そして『起信論』は心源を覚ることを究極の悟りとしたのであるから、われわれが求める真理（真如法）もまた、われわれ自身の心の内側ということになる。

夜もすがら仏の道をたづぬれば
わがこころにぞたづねいりけり
（『一休道歌』）

心源はあなたの心の本源だ。そして、本源が真理（仏）であると言っているのだ。ならば一体、あなた以外の誰があなたの心の本源を知るというのだろう。全てはあなた自身に委ねられている。もし真理があなたの外にあるとするならば、誰かがあなたのところまで真理を持ち運んであなたに与えてくれるかもしれないが、そんなことは金輪際ありえない。それこそ迷いの最たるものである。

仏とてほかにもとむるこころこそ
まよいの中のまよいなりける
（『一休道歌』）

真理（真如、仏性、仏、涅槃、法界……何と呼ぼうが同じだが）はわれわれの外側にあるのではないことを銘記しておかねばならない。外に真理を追い求めていたら、くさぐさの知識は増えるかもしれないが、あなたはいつまでも生死に迷う無明存在であり続けるだろう。もちろんそこにとどまっていたいならそれもあなたの自由である。真の宗教者はそれについて一言も口を挟んだり、洗脳はおろか、勧誘することもない。あなたが六道・四生のどこに流れ行こうとも、また逼迫しようとも、すべての責任はあなた自身にあるからだ。

しかし、「長者窮子」の譬えの如く、人は外側をさ迷い歩いた末に、結局は自分自身に帰ってくる。なぜなら、富める父の家とはあなた自身の本源（永遠の故郷）にほかならず、あなたが外側に探し求めてきた真理（真如）は、実は、あなた自身の心の内側に、実存の核としてすでに存在しているからだ。そして空海は、あなたが真剣に求めるならば、それはかならずや見つかるであろうと言う。

それ仏法、遥かにあらず、心中にしてすなわち近し。真如、外にあらず、身を棄てて何をか求めん。迷悟、我にあれば、すなわち発心すれば、すなわち到る。

（空海『般若心経秘鍵』）

心の内奥に真理を求めたのは、仏教の思想家ばかりではない。キリスト教最大の思想家であるアウグスチヌスもまた、後世最もよく読まれた自伝的著作の中で、次のように言っている。

神はいずこにましますか、真理はいずこで味わわれうるか。心の最も奥深いところにおいてだ。しかるに心は、そこからさまよい出てしまった。道を踏みはずしたものたちよ、心に立ち帰れ。

（アウグスチヌス『告白』）

この記述はこれまで仏教、とりわけ『起信論』に沿って、われわれ人間が陥っている現状と帰るべき方向を述べてきたが、それと奇妙なほど一致している。まず、仏教が仏を真理（真如）とほぼ同義で用いているように、彼もまた真理を神と同じ意味で用いている。そして、真理（神）はわれわれ自身の心の内奥で知られ得るとしたことである。ところが現在、心は内から外へとさ迷い出て、われわれはその味わいをすっかり忘れ、一度たりとも内側を顧みる努力もしないで、そんなものはありはしないと言う始末なのだ。アウグスチヌスは自らの体験から、道を踏みはずしたわれわれに、再び心に立ち帰り、心の最も奥深いところ、つまり心の本源において真理の何であるかを知りなさいと言っているのだ。もちろん、これは彼の個人的な体験に基づく感慨を述べたものであるが、その典拠としては当然のことながら『聖書』に求められる。その一例を挙げておこう。

「そら、ここにある」とか、「あそこにある」とか言えるようなものではありません。いいですか。神の国は、あなたがたのただ中にあるのです。

（『ルカの福音書』）

内奥の神秘

人生は旅であると言う。が、その旅は死でもって終る。そして家族も、出会ったものもすべてはばらばらになっていく。われわれはその悲しみを何度も経験してきたが、これほど経験が身につかない動物も珍しいのではあるまいか。もっともその真の原因がどこにあるか分からないのだからそれも致し方ないとも言えるが、ことそれほどまでに、われわれ人間の無明の闇は深いと言える。

アウグスチヌスが「心に立ち帰れ」と言ったように、人にはもうひとつの旅があることを不幸にしてわれわれは知らない。それは外側から内側へ、心から心の本源へと帰っていく旅だ。そして、その旅は死すべきものから不死なるものへ、真実ならざるものから真実なるものへわれわれを連れ戻し、そこはわれわれが帰るべき永遠の故郷なのだ。

宗教とは本来、外側を捜し求めた末に、一つとして真に私の私のものといえるものがなかったと知った者が、内側へと目を転じたところから始まる。その旅を歩み始めた者がどれだけいたとしても、本質的にその旅は全く独りの旅であるだろう。なぜなら、少なくとも心源へと辿る旅の始めは、自分自身の心と取り組むことになるからだ。

そして、幸運にも心源へと辿りついたものは、その一瞥をさまざまに表現してきた。「旅人は自分の家の戸口に辿りつくまでに、他人の戸口を一つひとつ叩かなければならない。こうして、外の世界をあまねくさすらい歩いたあげく、ようやく内奥の神秘に到達するのだ」。このタゴールがいう「内奥の神秘」こそ宗教が説こうとしているものなのだ。

ここで『起信論』が、われわれ人間は「本より已来《このかた》、性《しょう》（自性）に自ら一切の功徳を満足す……満足して少《か》くる所あることなし」と言ったことを思い出してほしい。われわれが帰るべき内なる本性（自性）は何ら欠けるものはなく、至福そのものであるということだ。至福はわれわれが求めずとも、またわれわれが六道・四生のどこに流れ行こうとも、われわれの内なる実存の核として常に存在している。それはかつて在ったし、今もそうなのだ。至福はわれわれの自然の状態（自性）として、われわれ自身の内側に不易なものとして常に存在しているものなのだ。

しかし、われわれは無知ゆえに、物であれ、知識であれ、名誉であれ、より多くのものを手にすることによって幸福になると思っているが、幸福（至福）はわれわれの本性（自性）を離れて存在するのではない。そして、われわれが外から得たものによってその至福が増すというのでもなければ、また失ったからといって減少するのでもない。至福はいわば不増不減なのだ。つまり、われわれの本性に付け加えるべきものなど何もないということだ。

問題はわれわれが内なる本性（自性）を離れて、外へとさ迷い出るとき、幸・不幸、喜び・悲しみ、生・死など、ありとあらゆる二元葛藤する世界が現れてくることだ。『起信論』的に言えば、心源（自性清浄心）の不覚によって妄りに心が起こるとき、われわれは生々死々する輪廻の世界へと退転してくる。その結果、それこそ何も持ち合わせていないわれわれ人間は、幸福になるために、人や物、地位や名誉、あらゆるものを求めて外を駆けずることになる。が、限られた生の中に本当の幸福は存在しない。アウグスチヌスが同じ『告白』の中で「けわしい道をどこへ行こうとするのか。おまえたちのさがすところに安息はない。幸福の生を死の国にさがしている。そこに幸福の生はない。生のないところに、どうして幸福の生があり得ようか」と言ったのもその意味だ。

例によって、イスラーム神秘主義（スーフィズム）の思想家ルーミーの詩である。

神の御書の写しなる汝よ
王者の美を映す鏡なる汝よ
この世なるすべてを内に蔵した汝よ
自らの内面にこそ探し求めよ
これぞ我がものと言いたいものがあるならば。

（『ルーミー語録』）

われわれの欲望の目にはあらゆるものが美しく、魅惑的に映る。われわれは無知ゆえにそれらを手にすることで満足を得ようとする。が、たとえ得たとしてもどれだけ長く続くものだろうか。すべては時間とともに色あせ、それが形だけの、かりそめのものでしかなかったことをいずれ知ることになるだろう。われわれの惨めさ、存在の空しさは、「この世なるすべてを内に蔵した」自己の本性を知らず、外的に得たものから幸福を得ようとするわれわれの無知から来ている。

つまり、幸福（至福）とは条件ではなく、われわれ自身の内なる本性（自性）に誰もが本来具えているものなのだ。われわれがこの地上で身につけたものは、どれも本当の意味で私のものとはならない。実は、この「私」でさえ本当の私ではないのだ（これについては後述）。すると、一体私のものと言えるものなど何かあるだろうか。だからこそルーミーは、あなたが本当に私の私といえるものを望んでいるならば、あなた自身の内側にこそ探し求めなさいと言うのだ。

奇哉の奇、絶中の絶なるは、それ只《ただ》自心の仏か。自心に迷ふが故に六道の波、鼓動《くどう》し、心源を悟るが故に、一大の水、澄静なり。澄静の水、影、万像を落し、一心の仏、諸法を鑒知《かんち》す。衆生、この理に迷つて、輪転、絶ゆること能《あた》はず。

（空海『秘蔵宝鑰』）

空海が心を本心と妄念に分け、われわれが心と呼んでいるものは妄念であって、本心こそわれわれの本当の心であり、それを悟りの心、すなわち仏心としたことはすでに述べた。ここで彼が「自心の仏」、「一心の仏」というのはそれを踏まえた発言である。そして、言葉を絶して不思議なことは、生死に迷うわれわれ人間の心が仏にほかならないということで、「奇哉の奇、絶中の絶」と最大級の驚きと賛嘆を表明しているのだ。

ところが、この心（自心の仏）を見て取れないと、あたかも静かな海が風によって波立つように、われわれは六道・四生をさ迷う常没の凡夫となる。しかし、幸いにも心源（一心の仏）を覚ることができたら、生死の波も消え、海が再び静けさを取り戻すように、われわれは仏となって涅槃寂静の世界へと帰っていく。「澄静の水、影、万像を落し、一心の仏、諸法を鑒知す」と彼は難しい表現を取っているけれども、われわれが心源（心の本性）を覚るならば、自らの心そのものが仏であったと知るだけではなく、その心に一切の功徳は円に具わり、われわれは存在するすべてのものの本質を知るであろうという意味なのだ。

心の本質は、これすなわち仏の功徳の本質であり、仏の功徳の本質は、これすなわち如来の本質であり、あらゆるものの本質なのである。

（『三昧王経』）

しかし、われわれはこの道理が分からないために、無始劫来生死に輪廻して、絶えることがないのだ。空海もまた心源（一心）の覚・不覚がわれわれを涅槃（ニルヴァーナ）と生死（サンサーラ）に分けることを、大海水波の比喩で分かりやすく説いているのだ。

大海水波の譬えは、われわれの生は、風によって海に波が立つようなものだと言っているのだ。波立つ以前にはただ海のみがあり、波はなかった。われわれの生は波が立つとともに始まる。そしていつかその波も消える。それが死と言われるものだ。しかし、この死は、風が収まらない限り、波が途絶えることがないように、生へと転じて終ることのないものだ。『起信論』はそれを「無明の風」と呼んだ。一方、海は波が立っていなかったときはもちろん、波が立ち、また消えようとも常に変わらずそこにある。しかし、波ばかり見ていたら、その根底に広大で静かなな海が拡がっていることに気づかない。言い換えれば、波としての自分しか見ていないとき、人は波々として生を渡り、生死の苦悩は止むことがないということだ。

そこで瞑想などによって、波は海だということ、つまりサンサーラの世界（波）とニルヴァーナの世界（海）は本来一つのものだと知ることが大切なのだ。波の世界に生きながら、海に触れ、波が海にほかならないと知るのだ。われわれは波立つサンサーラの世界で平安と安定を得ようとするが、究極の実在に触れ、それと一体になって生きることを知ったとき、初めて最も深い安らぎを得るのだ。そうなったらもはや、生死の波に翻弄されることはない。

熏習論

『起信論』には熏習という考え方があり、熏習とは「世間の衣服には実には香無きも、若《も》し人にして香を以て熏習するときは、故《ことさ》らに則ち香気あるようなもの」と説明されている。それには大きく分けて無明が真如（真如浄法）に熏習する真如熏習と、逆に真如が無明（無明染法）に熏習する無明熏習の二つがある。

真如浄法には実には染無きも、但《ただ》無明を以てのみ熏習するときは、故らに則ち染相あり。無明染法にも実には浄業なきも、但真如を以てのみ熏習するときは、故らに則ち浄用あるをいう。

（『起信論』49）

無明に熏習されて真如（真理）は背後に隠れてしまう。が、真如は逆に無明を熏習して闇を照らそうとする。無明から真如に向かうと「浄用」、すなわち悟りの方向（ニルヴァーナ）で、真如から無明に向かうと「染相」、すなわち迷いの方向（サンサーラ）となる。この二つが基本となって、無明の闇が深くなればなるほど真如はますます隠されるであろうし、真如の光が増せばそれだけ無明は薄らいでいく。染相とは、言うまでもなく、生々死々する迷いの世界（妄境界）であり、先に無明の相（不覚の相）と呼んだものである。

一切の衆生は、無始世より来《このかた》、皆無明に薫習せらるるに因るが故に、心をして生滅せしめ、已《すで》に一切の身心の大苦を受け、現在に即ち無量の逼迫《ひっぱく》あり。未来に苦しむところも亦分斉《ぶんざい》なく、捨し難く離れ難きに、而も覚知せざる衆生は是《かく》の如くに甚だ愍《あわ》れむべしと為す。

(『起信論』103)

われわれ人間は、始めとて分からない遠い過去から、無明に熏習せられて真理(真如)が何であるかが分からなくなっている。それだけではなく、無明(不覚無明)によって生じた心(妄心)を自分の心と見誤り、本当の心である真心(自性清浄心)をすっかり忘れている。心は生滅を繰り返しながらわれわれを生死の絆に縛りつける元凶であり、その心に囚われてこれまで身心にいろいろな苦しみを受けてきた。われわれがその心を除かない限り、それは未来永劫にわたって続いていくであろう。しかし、われわれはこの事実にさえ気づいていないのだ。この無知ゆえに、生々死々を繰り返している人間とは何と哀れな生きものであろうかということで、「覚知せざる衆生は是の如くに甚だ愍れむべし」と結んでいる。

熏習論の基本は真如と無明の関係であるが、無明から妄心が起こり、妄心から妄境界が現れてくることから、熏習論は真如と無明の関係にとどまらず、さらに複雑に絡み合っていく。

無明という染法因あるを以ての故に即ち真如に熏習す、熏習するを以ての故に則ち妄心あり。妄心あるを以て(の故に)即ち無明に熏習し、真如法を了せざるが故に不覚の念起りて、妄境界を現ず。妄境界という染法縁あるを以ての故に即ち妄心に熏習し、其をして念著して種種なる業を造りて一切の身心等の苦を受けしむればなり。

ここには、われわれが生死の苦海を転々と輪廻を繰り返す様子が、熏習論で端的に述べられている。まず無明が真如に熏習する、つまり不覚無明によって妄心が起こってくると、今度は妄心が無明に熏習し、無明が深まるにつれて真如法（真理）を覚ることがますます難しくなるだけではなく、さまざまな妄境界、つまり生死や善悪を始めとする二元葛藤する世界が次々と現れてくる。すると今度は妄境界にわれわれは心奪われ、それが機縁（染法縁）となって妄心に熏習し、われわれはいろいろと画策し、さまざまな業（カルマ）を作り出し、それが原因となって輪廻の輪は果てしなく回り、あらゆる身心等の苦を受けることになるというものだ。

（『起信論』51）

このようにして無明の闇が深まり、迷いに迷いを重ねているうちに、われわれ人間は自分が今どこにいるかが分からないだけではなく、自分自身が迷っていることさえ気づいていないのだ。

我れは本来、迷道の衆生、愚迷深き故に、迷えることを知らず。

（一休『狂雲集』）

一休の言葉はその事実をよく表している。そして、親鸞が自らを「世々生々にも迷いければこそありけめ」と言ったことをも思い出してほしい。

聞・思・修の三慧

何よりも問題なのは、われわれが三界虚妄の世界にはまり込んでいながらその事実に気づかず、無自覚のまま輪廻の輪が回り続けていることだ。われわれはこの現状をまず理解する必要がある。もちろん、それを理解するだけでは不充分で、さらにいかにして生死の世界（生滅門）から涅槃の世界（真如門）へと渡って行くかが問われなければならない。それが仏教の説く「聞・思・修の三慧」なのだ。それぞれ「聞より生ずる智慧」、「思より生ずる智慧」、「修より生ずる智慧」ということだ。この三慧を通して、仏教はわれわれ人間を、この無明の世界（サンサーラ）から真如の世界（ニルヴァーナ）へと連れ戻そうとしている。

現在われわれは真如から無明の方向、すなわち無明が真如に熏習してサンサーラの世界へと迷い出ている（無明熏習）。そこで、われわれは方向を転じて、無明から真如、すなわち真如が無明に熏習してニルヴァーナの世界へと帰っていかねばならない（真如熏習）。

云何《いかん》が熏習が浄法を起して断ぜざるや。謂《い》う所は真如法あるを以ての故に能《よ》く無明に熏習し、熏習の因と縁との力を以ての故に、則ち妄心をして生死の苦を厭い、涅槃を楽求《ぎようぐ》せしむ。此《この》妄心に厭と求との因と縁とあるを以ての故に、即ち真如に熏習すればなり。自ら己《おの》が性《しよう》を信じ、心が妄に動ずるのみにして前境界無しと知りて、遠離法《おんりほう》を修する。

（『起信論』51）

われわれは無明の世界（サンサーラ）を巡り、帰るべき涅槃の世界（ニルヴァーナ）があることも知らず、人生七十年、八十年は瞬く間に過ぎていく。もちろん死の去り行くところ（死の所《しよ》去《こ》）も分からないまま独りこの地上を去り、またどこかに生まれては同じことをし始めるのだ。

われわれは気づいてはいないけれども、この地上で悲喜こもごもわれわれは飽きることなく同じことを繰り返している。

此《こ》に死し、彼《かしこ》に生き、生死の獄出で難く、人と作《な》り、鬼と作つて病苦の怨《うらみ》招き易し。悲しい哉、悲しい哉、三界の子。苦しい哉、苦しい哉、六道の客。

（空海『性霊集』）

しかし、たとえわれわれがそうと知ることもなく、生死の苦海を巡る衆生（三界の子）であっても、その根底には途絶えることなく真如の世界（ニルヴァーナの世界）は存在し、われわれの無明の闇を照らそうとしているというので「真如法あるを以ての故に能く無明に熏習する」と言う。この真如からの働きかけによって、われわれの心は妄心ではあるけれども、その心に「生死の苦を厭い、涅槃を楽求する」という想いが兆すかも知れない。いわゆる「厭離穢土・欣求浄土」ということだ。

ここで大切なことは、穢土を厭い、浄土を願っているのは妄心であるということだ。しかし、それでいいのだ。まず仏道の始めは妄心であり、その心がサンサーラの世界からニルヴァーナの世界へ帰って行こうと思い立つのだ。妄心がそう思うことによって、今度は真如に熏習していくというので、「妄心に厭と求との因と縁とあるを以ての故に、即ち真如に熏習すればなり」と言う。

さらに大切なことは「自ら己が性（自性）を信じる」ということだ。これは『起信論』の中でもとくに注意しなければならない考え方の一つで、「起信」の意味でもあった。「己が性」とは、われわれの本性、すなわち自性ということであり、それを深く信じるということである。なぜなら、われわれの本性は常に変わらず清浄であり、現在われわれは生死の迷いの世界にいるけれども、そのために本性が汚されるということもない、文字通り、一塵も受けたことはないからだ。そして、これらをよく纏めたものが次の文章である。

能《よ》く衆生をして生死の苦を厭い、涅槃を楽求《ぎょうぐ》し、自ら己身に真如法ありと信じて、発心し修行せしむる。

（『起信論』53）

われわれ自身に真理（真如法）はすでに具わっている。どこも欠けるものはない（本より已来、性（自性）に自ら一切の功徳を満足す）。だから、われわれはそれを深く信じ、修行すればいいということだ。この円に具わる内なる真理を、黄檗は「自家の宝蔵」と呼び、親鸞は「功徳の宝海」と呼んだ。ところがわれわれはそれを知らないために、いろいろと画策し、物、金銭、名誉、権力を求めて、外を駆けずるけれども、いつも何かが欠けているのだ。

すると『起信論』という書物は、われわれに二つのことを教えようとしていることが分かる。一つは、そうという自覚もないまま人間はサンサーラの世界をさ迷っているということ、もう一つは、人間の内なる本性は常に変わらず清浄であり、そこにわれわれが求めるべき真理があるということだ。ここに『起信論』における救済論、分かりやすく言えば、サンサーラの迷いの世界からニルヴァーナの悟りの世界へと転入していく可能性を見て取ることができるだろう。このように自己を理解し、学ぶことが三慧の「聞」であり、ただ学ぶというだけではなく、学んだことをいつも心に留め、深く思いを定めていくことが「思」ということになるだろう。

そして、最後の「修」について『起信論』は、「心が妄に動ずるのみにして前境界無しと知りて、遠離法《おんりほう》を修する」と言う。心源の不覚無明によって心が妄りに起こるがゆえに、われわれは三界生死の妄境界（サンサーラの世界）を捉えるようになるのであり、この心を離れることができればそれも消え、その後には一法界の世界（ニルヴァーナの世界）が顕れてくるだろう。そして、「遠離法」とはもちろん、サンサーラの世界を厭い離れ、ニルヴァーナの世界を願うという意味であり、その最も基本的な方法が「止観」であり、『起信論』は後に「止観双修」を言ってくる。

纏めると、「聞」とはわれわれは今どこにいて、われわれの本性はどういうものかを学び理解することであり、「思」とはそれらを深く心に刻み、われわれの本性にはもとより真理（真如法）は具わっているのであるから、「止観双修」などを通して、サンサーラの迷いの世界からニルヴァーナの悟りの世界へと渡って行くことが「修」ということになる。

久遠《くおん》に熏習する力たるが故に、無明は則ち滅し、無明が滅するを以ての故に心は起ることあること無く、起ること無きを以ての故に境界は随って滅す、因と縁とが倶《とも》に滅するを以ての故に、心相皆尽《つ》くを涅槃を得て自然業《じねんごう》を成ずと名づくるなり。

(『起信論』53)

もちろん、このように決断する心(発心)も、先ほど言ったように妄心には違いないが、「止観双修」を通して遠離法を修し、真如に熏習することによって、やがて無明の闇は消えていく。そして無明が消えるとともに心も消える。なぜなら、われわれの心は不覚無明から起こってきたものであるから、無明が除かれれば当然心も消え去る。そして、この心ゆえに三界生死の妄境界も現れてきていたのであるから、心が消え去れば、生死の世界(境界)も消えて、われわれは涅槃の世界(無境界)へと帰って行くとなろうか。

最後に「心相皆尽くを涅槃を得て自然業を成ずと名づく」とあるが、われわれの心(心相＝妄心)がことごとく尽きて、消え去るならば、もとよりそこは涅槃である。なぜなら、生死とは妄心であり、涅槃とは真心、すなわち妄心が尽きた無心を言うからだ。

そして、ここまで到達したものだけが、本当の意味で他者に救いの手を差し伸べることが可能となる。というのも、ここで「自然業」とは利他行のことであり、心を尽くして本源(涅槃)へと辿りついたものは、ことさら何かをするということではないが、自然に他を利することになるというほどの意味である。言うまでもなく、この場合、「業」とはわれわれを輪廻に繋ぎ止めるカルマの謂ではない。

自然《じねん》にして而も不思議の業ありて、能く十方に現じ衆生を利益するをいう。

(『起信論』87)

聞・思・修の三慧は「自然業」という大乗仏教の基本理念である利他行（慈悲）にまで到達した。われわれが心と思っているものは、われわれを生死の絆に繋ぎ止める妄心であり、それを「止観双修」などによって除くことができたら、そこはもとより涅槃であり、そこに至って初めてわれわれは、他者に救いの手を差し伸べ、真の意味での利他行が可能となる。始めから利他などあり得ないこと、また「一盲、衆盲を引く」過失を犯さないためにも（『無門関』）、私はこれだけは強く言っておきたい。というのも、自らの問題さえ解決できていない迷道の衆生に利他などあり得ないだろう。いまだ無明の闇に閉ざされた盲人が、盲人の手を引いてどこへ行こうというのか。

彼らは盲人を手引きする盲人である。もし盲人が盲人を導くならば、二人とも穴に落ち込むであろう。

（『マタイの福音書』）

これはイエスの言葉であるが、よく噛みしめてみる必要があるだろう。自分を省みず人の道（人倫）を説く大人は多い。私はそれについて異議を挟むつもりは毛頭ない。しかし、大道（仏道）は違う。なぜなら、ともども生死の陥穽に落ち込むことになるからだ。

私には反芻する言葉がある。それは一遍の、

学びざるものはいよいよ迷い
行ぜざるものはいよいよ巡る

（『一遍上人語録』）

というものだ。「聞」と「思」は学び、かつ深く思いを定めるということであり、学びざる者はいよいよ迷いを深め、しかも、迷いだと気づくこともなく生々死々は続いていく。そして、たとえ学んだとしても、「修」せざる（行ぜざる）者は、いよいよ生死の円環（サンサーラ）を巡ることになるという意味だ。

恐らく一遍のこの言葉は、彼がそれを書いたときよりも一層、現代のわれわれに警鐘を鳴らす言葉のように私には思える。なぜなら、現代の混乱と狂態の原因は、われわれが考えているような単なる現象面にあるのではなく、もっと根は深い。それについてはすでに指摘したが、端的に言えば、問題の解決に当たろうとする心（思考）こそ問題であり、その心を尽くし、除くことが『起信論』における実践の道なのだ。

第四章　方法論――止観双修

私とは誰か

パスカルは「私は、私がどこから来たかを知らないと同様に、私はどこへ行くかを知らない」と言った。ここには「どこからどこへ」という問いのみが問題になっているように見える。彼もまた「生の由来」と「死の所去《しょこ》」を知りたいと思ったのであろう。しかし、彼は気づいていないが、この中にはもう一つ重要な問いが隠されている。それは、宗教がこの一点に集約されると言っても過言ではない、「私とは誰か」という問いなのだ。つまり、「生の由来」と「死の所去」を問うている自分とは一体何なのかということだ。しかし、この問いは彼のように、人間存在の根本問題を問うているものだけに関係しているのではなく、われわれが何をしていようとも、その行為者である「私とは誰か」という問いなのだ。

もちろん、「私とは誰か」と問うことは、今われわれが自分自身のことをよく分かっていないことが前提とされていることは言うまでもない。もっと言うなら、われわれが自分と見なしているものの中に、重大な誤解があるのではないかということだ。そうでなかったら、わざわざ「私とは誰か」を問うことなど全く愚かなことと言わねばならない。ところが、われわれは自分のことは自分が一番よく知っていると言う。もしこのような答えをすでにあなたが出しているなら、あなたは宗教と関わることなく、あなたが自分だと思っている自己を生きればいいのだ。

それはともかく、パスカルの疑問は「どこからどこへ」という問いだけではなく、「私とは誰か」という問いも含んでいる。前者についてはすでに解明を試みたので、以下では「私とは誰か」という人間存在の根本問題に焦点を当て、また宗教における自己実現とはどういう意味なのかを見据えながら、『起信論』における方法論を探ってみよう。

自己認識

知るものと（主）と知られるもの（客）という主客の二元論的認識構造の中で、われわれは知識や経験を積んでいく。そして専門的な知識も増え、それなりの社会的地位でも得れば、人から尊敬を受けることがあるかもしれない。しかし、それは認識の対象（客）に当てはまるだけであって、認識の主体（主）であるあなた自身とは別の問題であると自覚している人が、果たしてどれだけいるであろうか。つまり、知識や経験は増えていくけれども、いわばその背後で、認識の主体であるあなた自身は、依然知られないままに残されているという事実なのだ。

この認識構造の中では、知識や経験は一種のデータとして増えていくであろうが、一方で、それを溜め込んでいる自分とは何かが全く分からないということが起こりうるのだ。それはちょうど、たくさんのデータを詰め込まれたコンピューターが自分のことを知らないのに似ている。もちろんコンピューターがそれを知らなくとも一向に差し支えはないし、またその必要もない。しかし、われわれ人間の場合は違う。たくさんの知識と経験を詰め込んでいる自分とは一体何ものかを知らない人を、私は何のためらいもなく無知と言う。

自己を知らない人は何も知らないことと同じだ。しかし、自己を認識した人は同時に存在の奥義を知ることになる。

（ナグ・ハマディ文書『闘技者トマスの書』）

われわれはたくさんのことを知ってはいるが、自己が何であるかを知らない。そして、自己を知らなければ何も知ったことにはならない、無知そのものであるというのだ。しかし、それはわれわれが自分だと思っている、出自、性格、学歴、職業、地位、男女……などを言っているのではない。道元が「仏道をならうというは、自己をならうなり」（『正法眼蔵』「現成公案」）と言ったように、宗教とは本来自己を知ること、すなわち自己認識の問題なのだ。そして、それを知ったものは「存在の奥義」、これまで述べてきたところで言えば「諸法の本源」、あるいは「内奥の真理」を知ることになる。そして、この知識だけがわれわれを生と死の桎梏から解放し、真の自由を可能にする。

最近では、宗教だけでなく、科学もまた「私とは何か」という人間の根本問題を問うている。

科学者がどのように考えているかを、一九三三年ノーベル物理学賞を受賞したシュレーディンガーの文章から紹介してみよう。

われわれは誰でも自分自身の経験と記憶の総和は一つのまとまったものを成しており、他の誰とも画然と区別がつくということを疑う余地のないほどはっきり感じています。そして、これを「私」と呼ぶわけです。では、この「私」とは一体何でしょうか。もしこの問題を深く立ち入って分析するなら、それは個々の単独なデータを単に寄せ集めたもの、すなわち経験や記憶をその上に集録した画布のようなものだということに気づくでしょう。そして、よく考えてみれば、われわれが「私」という言葉で呼んでいるものの本当の内容は、それらの経験や記憶を集めて絵を描く土台の生地だということがわかるでしょう。

（シュレーディンガー『生命とは何か』）

「私とは何か」という問いは、宗教や科学という枠を超えて、今後、ますます重要になってくると思われるが、それは「存在の奥義」を知るという積極的な意味はもちろんのこと、人間はこのままで良いのかというような刺激的な問いになるであろう。というのも、現在われわれが目にしているように、さまざまな社会構造がいたるところで破綻と混乱を見せ、このままでいいはずはなく、それを作り出しているのが人間であるという意味から、根本的に問い糺す時代にわれわれは生きているからだ。

それはともかく、シュレーディンガーは、われわれが一般に自分と呼んでいるものは、経験や知識などデータを寄せ集めた記憶ではないかと見ているのだ。そして、そのデータの違いがわれわれを他者から分けている。この考え方は、仏教がわれわれ人間の意識の深層に見出してきたアーラヤ識が、蔵識と言われていることを容易に連想させる。というのも、蔵識とはわれわれが経験するすべてのものを蓄えている記憶の貯蔵庫という意味であるからだ。

つまり、われわれが深く考えることもなく「私」と呼んでいるものは、われわれが生まれてこのかた身につけた、あらゆる知識や経験から成るデータを収めたメモリーに過ぎないのではということだ。それが善くも悪くもわれわれの個性を形成し、われわれを他者から分けているのだ。そして、経験とはこれら記憶として蓄えられた個々のデータが、知覚（五感）を通して外部から刺激を受け、ただ反応しているに過ぎないのではということになる。われわれの経験は自己固有のデータの制約を強く受け、新たな経験はさらにデータとして自己自身の内に取り込みながら、その人の個性を作り上げていく。

しかし、さらに深く探りを入れると、これらのデータが書き込まれる素地としての生地があったはずだと彼は言う。その土台としての生地の上にわれわれが知識をはじめとする、喜びや悲しみ、さまざまな経験をデータとして書き込んだメモリーがわれわれの自己であり、個性であるということだ。しかし、この生地は初め何も書き込まれていない純粋無垢な状態であることが求められる。そうでなかったら、われわれは自分の経験ではないデータをも背負い込み、多重人格者のように自分をコントロールすることは難しくなるだろう。

そうすると、われわれが普通に自己と呼んでいるもの、すなわちデータとしての自己の他に、純粋でどんな色にも染まることのないもうひとりの自己が常に存在していることになる。しかし、その自己はあなたが自分と呼んでいるものに対応して存在しているのではなく、いまだ何も書き込まれていない素地であり、すべてのものに先行する純一無雑の基盤である。この共通の基盤は、あなたが個となる前の素地と言えば少しは理解していただけるかもしれない。しかし、われわれは経験と知識を積み上げ、清濁あわせもつ情報を掻き集めながら、ただ肥大化するデータとしての自己を知ってはいても、その根底に共通の基盤が存在することなど全く気づいていない。

シュレーディンガーの卓見とも言える「私」の理解の中に、経験や知識を収めたデータとしての私と、データを書き込む共通の基盤としての私の二つを見て取ることができる。そして前者について言えば、確かに経験や記憶はデータとして、私という個性を作り上げ、われわれはいつしかそれを自分と考えるようになる。しかし、それはあなたの出自から始まって、これまで受けてきた教育や知識はもとより、あなたの趣味・嗜好や性格、社会的立場など、雑多なデータを寄せ集めた記憶の総和に、われわれが「私」という呼称を与えたに過ぎず、そこに一貫した私が存在しているわけではない。

真我と仮我

科学から宗教に目を転じ、「私とは何か」を問うとき、まず仏教（『起信論』）にその答えを求めると、「いう所の五陰《おん》（五蘊《うん》）を推求するに、色《しき》と心とのみにして」と言い、人間というものは「色・受・想・行・識」の五蘊から構成されており、色蘊とは身体のこと、受・想・行・識（感情・思考・意志・意識）の四蘊はわれわれの心の働きを四つに開いたものであるから、纏めれば心ということになる。従って、人間は基本的には身体と心から構成されているから、「色と心とのみにして」と言う。

われわれもまた自分というものを身心の両面から捉え、身心にとって不快なものは遠ざけ、できる限り快いものを取り込もうとする。それが自分にとって幸福につながると考えているからだ。しかし、この幸福になろうとしている自分とは一体何なのかを問おうとしているのが宗教なのだ。まず心とは心源の不覚によって生じてきた無明妄心であり、見るものと見られるものという実在論的二元論に立って、われわれは知識を増やし、また経験を積みながら、内にも外にも多くのものを掻き集めることに日夜忙しくしている心である。具体的な経験としては、まず知覚がとらえた好悪、快苦に思考が自分にとっての都合や損得を計り、実際の行為に移ることであるが、このような経験は妄心が主客の二つに分裂した結果生じてきたものであり、『起信論』は「三細・六麁」において、これらすべての経験を不覚の相とし、仏教はこの主客の認識構造（能取・所取）こそ最も問題ありとしたものである。

『起信論』は、これら心の働き（四蘊）はすべて妄念（念）と理解しており、それを誤ってわれわれは自分の心と考えているけれども、本当の心はあらゆる想念（四蘊）を離れた真心であり、無念（無心）を言う。そして、これを知って初めてわれわれは、生死の世界（生滅門）から涅槃の世界（真如門）へと入って行くというので「無明の迷の故に心を謂《おも》うて念と為すも……若《も》し能《よ》く観察して心は無念なりと知らば、即ち随順して真如門に入る」とあった。このようにわれわれが心と呼んでいるものはすべて妄念であり、不覚無明から妄りに生じてくる妄心なのだ。

では、もう一方の身体（肉体）はどうであろうか。まず身体は五蘊の中の色蘊であった。この色蘊を開くと地・水・火・風の四大（元素）となり、これらの要素が集まってわれわれの身体（肉体）は構成されている。われわれが死ぬとき、これらの要素はばらばらに離散して、肉体は最後には土（大地）に返る。人間（human）の語源はラテン語の humus であるが、これには大地（地）と言う意味があり、われわれ人間が土から作られていることを、言葉の上で明らかにしていると言えるかもしれない。土から作られた肉体は、いずれ土に返るというわけだ。

それはともかく、われわれの身体は、まず何よりも父母から得たものだ。しかし、ここによく知られた禅語がある。それは「父母未生以前の本来の面目」というものだ。この禅の公案は、われわれに真実の自己（本来の面目）は何かを問いかけているのだが、われわれが自分という場合、端的には男女いずれであれ、自分自身の身体を指している。そして、その身体は父母から得たものである。ところがこの公案は、あなたの父母が生まれる前のあなたはどんなあなたでしたかと問うているのだ。しかし、父母が生まれる前にあなたなど存在するであろうか。否、絶対にありえない（と思う）。われわれは父母から生まれ、その私を自分だと思って疑わないが、禅は父母未生以前にまで遡って、われわれの妄信を打ち破り、真実の自己とは何かを問い糺しているのだ。もちろん、われわれが自分と思っているものが本当の自分でないことは言うまでもない。そうでなかったら、わざわざ父母未生以前の自己を問うはずもない。

あなたは夜となく昼となく自分の肉体を養うことに気を取られている。だがこの肉体はあなたの乗る馬、この世はその厩だ……あなたは肉体に組み敷かれてその意のままになり、哀れ虜囚の身となっているのだ。

（『ルーミー語録』）

ルーミーは真実の自己を馬（肉体）に乗っている人になぞらえている。しかし、われわれはこの肉体（馬）を自分と思い、いかに健康で、これをどう美しく見せ、若さを保つかだけが重要になっている。この世でわれわれは肉体を養うことのみに心奪われ、肉体の虜になっているが、あなたの真の自己とあなたの肉体はまるで別なのだ。そして「この世はその厩だ」という表現の中に、この世がわれわれの肉体を休める仮の住まいに過ぎないことを読み取ることができよう。つまり、われわれはひたすら馬（肉体）に執着し、厩（この世）の中に居残って、われわれが帰るべき永遠の故郷があることを知らないでいるということだ。

こう見てくると、われわれが自分と思っている心も妄心ならば、身体（肉体）までもが父母から与えられた仮の器であって、本当の自分ではないことになる。これは奇妙な結論であるが、われわれはかつて一度なりとも、真実の自己を知ったことがないのだ。宗教が、何よりも、「私とは誰か」という問いを突きつけてくるのも、われわれが深い思慮もなく、自分といえば身心を考えるけれども、果たしてことはそれほど単純ではないということだ。ついでに言えば、デルフォイの神殿に掲げられた「汝自らを知れ」という永遠の問いは、今述べた意味において重要なのであって、決してわれわれが自分と見なしているような、自己をよく知るというようなことでは断じてない。

色・受・想・行・識の五蘊から成り立っているわれわれの身心が本当の私ではないことを、空海は「五蘊の仮我」と呼んだ。われわれが自分と思って生きている自己は仮の私（仮我）に過ぎないということだ。身体（肉体）も四大の仮和合であるなら、良くも悪くも妄りに心が生じ、感情、思考、意志、意識など何層にもわたって連なる観念（妄念）の巣窟を、われわれは自分と見なしているのだ。つまり、われわれが何の疑いもなく、ごく当たり前のように使っている「私」というものが、それほど確かな存在ではないということだ。そんな私が喜んだり、悲しんだりしながら、帰るところも分からないまま、生々死々を繰り返しているのだ。このように、われわれが誤って自分と見なしている自己を仮我と呼ぶのに対して、真実の自己を真我と呼ぶ。今のところ仮我が主人公でもあるかのように振る舞い、かえって真我が分からないために、われわれは徒に生まれ、徒に死を繰り返し、三界・六道を巡って生死の世界を離れることができないでいる。

天獄の県に苦楽し、人畜の落《さと》に憂喜す。歎く可し、歎く可し、幻化の子……

（空海『性霊集』）

翻って、われわれを生み育ててくれた父母も真実の自己を知らなければ、生まれたわれわれもまたそれを知らない。ところが、われわれは自分のことは自分が一番よく知っているなどとうそぶく。が、それは幻化の如き仮我であって、真我（真実の自己）ではない。この無知こそあらゆる混乱と饒舌の元凶であり、われわれ人間が陥っている無明（無知）の最たるものであるがゆえに、「自己を知らない人は何も知らないことと同じだ」とトマスは言ったのだ。

真実の自己—無我の大我

仏教が人類に呈示した教義の中で、最も特徴ある教えは無我（無自性・空）の思想であろう。存在するすべてのものには実体がなく、相互依存的に存在しているというものだ。それには大きく分けて人無我と法無我の二種類がある。それなのにわれわれは人（私）も法（物）も実在するものと思い、それに囚われ、執着していく。そして、その執着を我見と言う。この場合「我」というのは私という意味ではなくて、実体的にものごとを捉える我執を意味し、それにも人我見と法我見の二種類がある（我に二種あり。いわゆる人我と法我なり。この二種はみな妄執の所取なり）。そして、この人・法の妄執（我見）があるために、われわれは生死の世界を転々としているというので『大乗荘厳経論』は「我見熏習して心は諸趣に流転す」と言う。だから仏教は人・法の無我を説き、その虚構を徹底的に暴こうとしているのだ。

そうすると、無我を説く仏教において、真実の自己（真我）などを持ち出すことは矛盾ではないかという指摘があるかもしれない。「父母未生以前の本来の面目」などはその典型的な例と言えるだろう。「本来の面目」というのは真実の自己ということであり、無我だと言いながら「本来の面目」などと言ってはならない。無我を説いた釈尊の教義に悖るというわけだ。

われわれ人間は身心から成り立っていることはすでに述べた。それは空海が「五蘊の仮我」と呼んだものであり、果たしてわれわれが実際に執着し、実体的に捉えているのはこの仮我であることは間違いない。この仮我を誤って自分と見なし、囚われているからわれわれは六道・四生を巡っているのである。そこで、考えてみなければならないことは、仮我、真我そして無我の関係はどうなっているかということだ。

われわれが現在、自己と見なしている身心は五蘊から成る仮我であり、これは仏教が指摘しているように、確かに実体を持たない仮和合であるから、無我である。しかし、われわれはそれが無我だということを体験的に知っているわけではない。たとえ教義として知ってはいても、あなたが今生きているのは仮我そのものである。もしあなたが五蘊の仮我が空・無我であることを体験的に知っていたら、空海が言った「無我の大我」も知っているはずだ。

もし我が理趣を求むればすなわち二種の我あり。一つには五蘊の仮我、二つには無我の大我なり。

（空海『性霊集』）

私（我）には「五蘊の仮我」と「無我の大我」の二つがある。そして、いずれ「五蘊の仮我」

から「無我の大我」となるべく質的変容が求められてくる。つまり、五蘊の仮我が無化され、あるいは空じられ、その後に大我が顕現してくるというものだ。すると、無我とは単なる教義ではなく、われわれが誤って自己と見なし、生々死々を繰り返す原因ともなっている仮我が実体のないことを体験的に知り、大我に辿りつくためにわれわれが通過しなければならない試練と言えるだろう。われわれは無我という観念に囚われるあまり、それ（無自性・空）を言い続けるが、本来無我とは、瞑想のプロセスを歩む者が存在のリアリティに参入するために、一度は独り対峙しなければならない試練なのだ。言うまでもなく、この大我こそ真我（真実の自己）と言われるものであり、そこに至る無我のプロセスを経たものであることを忘れてはならない。

清浄空無我なるを　仏は第一我なりと説く、
諸仏は我浄なるが故に、故に仏を大我と名づく。
（『大乗荘厳経論』）

われわれが自己と見なしている仮我を空じ、自己とは本来清浄空無我と覚った人が果たしてどれだけいるか知らないが、それを覚者（仏）は「第一我」と呼ぶのであるから、当然のことながら、われわれが自己と見なしているもの（仮我）は二義的なものに過ぎないということになる。ところが、われわれはそんな自分にどこまでも執着し、さまざまな業（カルマ）を造り、因果にもようされて、かえって諸趣に輪廻しているのだ。この愚かさに気づかせようとしているのが仏教の説く無我の思想なのだ。

「第一我」が「大我」を指していることは、後を読めば明らかである。従って、何が無我なのかというとわれわれが深く考えもせず私と呼んでいる仮我であり、仮我が無自性・空と体験的に知って初めてわれわれは自らの大我を覚る。つまり、五蘊の仮我が鎖殞《しょういん》して無我の大我となる。そして、この大我が真実の自己（真我）であり、われわれの一義的な自己であるとともに仏にほかならない。このように、衆生と仏を分けているのは、われわれが仮我であるか真我であるかの違いなのだ。仮我に囚われて生死に輪廻しているわれわれ衆生が、その無自性・空を覚れば、たちまち生死は尽き、仏となって涅槃に到るということだ。

この大我はさらに「法界の大我」と表現されてくる。法界とは、人間はもとより存在するすべての本源（諸法の本源）であり、われわれが帰るべき生の源泉である。すると、大我とは万物と同根となった大いなる自己ということであり、宇宙に偏満し、すべてのすべてとなった自己を言う。この諸法の本源へと辿り着いて初めてわれわれは生死際なき迷いの世界を離れ、真の自由というものを手にするのだ。

仮我の狭い境界を超え、宇宙に偏満する「法界の大我」という考え方は、容易にイスラーム神秘主義の「普遍的人間（al-insan al-kamil）」を思い起こさせる。この考えを受けてルーミーは、人間を世俗的人間と霊的人間の二種類に分け、それぞれミクロコスモスとマクロコスモスを当てる。彼は「普遍的人間」をマクロコスモス、すなわち時間と空間を超えた存在と捉え、それをわれわれ人間が達成すべき「完全な人間」と見なしている。

外的に汝はミクロコスモスである
内的に汝はマクロコスモスである

（ナスル『イスラーム芸術と霊性』）

われわれが自分と見なしている外なる人（仮我）において、われわれはミクロコスモスの域を出ないが、内なる人（真我）を知るならば、われわれ人間は本来、すべてのものに浸透しているマクロコスモスであるという意味なのだ。つまり、われわれが自分と見なしているものは本当の自己ではなく、外なるあなたは内なるあなたの影に過ぎないということだ。そして、この内なる自己を覚ってわれわれは、あらゆる二元性を超えた一元性の世界へと帰っていく。そこは愛憎、快苦、因果、生死……すべて相対する概念二つながらの源であり、生の源泉なのだ。そこに帰り着いて初めてわれわれは真の安らぎを得る。彼は言う、「愛情の世界に比すれば憎悪の世界は狭い。人が憎悪の世界を厭うて、愛情の世界に遁がれようとするのを見てもそれが分かる。けれど、その愛情の世界も、愛憎二つながらの源であるかの世界に比すればまだまだ狭い」と。

二つの死

では、瞑想のプロセスの中で無我を知るとはどういうことなのであろうか。先に引用した道元の『現成公案』は「仏道をならうというは、自己をならうなり。自己をならうというは、自己をわするるなり」と続く。そして、宗教（仏教）とは自己認識の問題であり、真実の自己（真我＝

大我）を知ることであった。それがなぜ「自己をならうというは、自己をわするるなり」となるのであろうか。真実の自己を知ることが悟りであり、それはまた仏でもあるというのに、なぜ自己を忘れなければならないのか、大きな矛盾のように思える。

まず「わするる（忘るる）」とは亡くす（無くす）という意味だ。一体、何を亡くすのであろうか。言うまでもなく、われわれが自分と思って執着している五蘊の仮我を無くすということだ。こう理解してくると矛盾は一気に解ける。つまり、われわれが真実の自己を知るために、何よりも仮我の本質を見抜き、それが消えて無くならねばならないということで、「自己をならうというは、自己をわするるなり」と言ったのだ。

仏教といえば、無我を言い、無自性・空を繰り返すばかりか、挙げ句の果ては、無我（空）をめぐって論争をはじめ、正しいのは私の方と言わんばかりに、我をはるばかりで、一向に無我ということが伝わってこない。無我は単なる教義ではなく、真実の自己を知るために誰もが一度は通過しなければならない試練なのだ。生死に迷う仮我か、それとも真我を覚って仏となるかを分ける無我の体験は、恐らく人間が経験する中で最も貴重かつ困難な体験と言えるだろう。

というのも、われわれがこれまで自分と思ってきた仮我が失われ、消えていくと同時に、真我に目醒める体験、簡単に言えば、仮我が鎖殞《しょういん》して真我となる体験は、われわれの日常生活の中では絶対にありえない経験であるからだ。何よりも経験と言えば、私あっての経験であるが、その私（仮我）が失われ、消えていく体験など、われわれは思いつきもしなければ、かつて一度も教えられてはこなかった。

仮我が鎖殞する無我の体験は、われわれ一人ひとりが真我に辿りつくために超えていかねばならない試練であるが、それはちょうど、われわれが実際に死を迎えた時に感じるであろう不安や恐怖の体験に似ている。ただ前者は、われわれが自らの意志でもって意図的に入っていく死であるのに対して、後者は力尽き、われわれの意志や想いとは関係なく、半ば強制的に入っていく死の違いなのだ。肉体の死というものがあるように、仮我（自我）の死といわれるものがあるのだ。そこにあるのはいずれも死の恐怖なのだ。では、実際に無我の体験とはどういうものか、白隠を例に見てみよう。

ただ無我の一法のみ涅槃に契う……真正清浄の無我に契当せんと欲せば、すべからく嶮崖《けんがい》に手を撒《さっ》して絶後に再び蘇《よみがえ》りて、初めて四徳の真我に撞着《どうちゃく》せん。

（白隠『遠羅天釜続集』）

無我の体験のみがわれわれをして、生死の迷いの世界（サンサーラ）から涅槃の悟りの世界（ニルヴァーナ）へと超えていくことを可能にする。五蘊の仮我が鎖殞して無我の大我となれば、それがわれわれの「第一我」であるとともに、仏にほかならないのであるから、涅槃にかなうのは当然と言えば当然である。しかし、『大乗荘厳経論』の「清浄空無我」を受けたと思える「真正清浄の無我」を体験的に知ることがそう容易でないことは、白隠が「すべからく懸崖に手を撒して絶後に再び蘇る」と言ったことからも容易に窺える。

無我に本当にかなう瞑想のプロセスの中で、われわれは高い切り立った崖にぶら下がって、手を離すともう死ぬしかない、そういう一瞬があると言うのだ。もちろん、われわれは必至にしがみつこうとするだろう、手を離せば死んでしまうのだから。しかし、一体何にしがみつくのだろう。ほかでもない仮我なのだ。仮我にしがみついてわれわれが得るものなど何もないばかりか、これまでわれわれはただわけも分からず、この仮我に多大のエネルギーを注ぎ、生々死々を繰り返してきたのだ。

もちろん、手を離すことはあなたの死となるであろう。しかし、それは仮我の死なのだ。白隠はわれわれに恐れることは何もない、手を離しなさい。しがみつくことは何の役にも立たないばかりか、あなたはそのために無始劫来、徒に生死の苦海を転々としてきたのだ、もう十分ではないか。そして、仮我の死はあなたが無になってしまうことではなく、「絶後に再び蘇る」ことになるから、勇気を出して死へと飛躍しなさいと言っているのだ。そうして、何に蘇るかというと、言うまでもなく「真我」なのだ。

このように瞑想のプロセスの中には、仮我が死して真我に蘇る一瞬があるのだ。この死を通して私たちは初めて無我ということを体験的に知り、また真我（本来の面目）をも覚ることになる。絶後に再び蘇る死を、われわれの誰もがいずれは行き着く肉体の死と区別して、禅は「大死一番」という。何が死ぬのかというと仮我であり、何に蘇るのかというと真我であり、何になるのかというと仏である。なぜなら、真我は仏にほかならないからだ。

翻って、輪廻の輪が回り続けるのは、仮我であるとも知らず、あなたがどこまでもそれに執着し、エネルギーを注いでいるからにほかならない。それ以外に理由などない。瞑想のプロセスの中で、仮我が失われていく無我の体験が、一種の死の恐怖と感じられるのも、われわれがこれまでわけも分からず守ってきた仮我が失われ、寄る辺なき無の深淵へと、どこまでも沈んでいくような体験であるからだ。というのも、われわれの内なる実存は無であり、無の空間に臨んで、私（仮我）が消え去るくらいなら、仮我にしがみついている方がまだしも良いというわけだ。この仮我への執着が自己愛と言われるものであり、われわれのあらゆる行為の基本にあるものだ。そして、この誤った自己への妄執が、繰り返し死の恐怖と悲しみを生み出していることにわれわれは気づいていない。つまり、われわれはいつかこの仮我が銷殞して真我となる無我の体験に至らない限り、死の恐怖、ひいては生死輪廻の軛《くびき》から逃れられないということだ。

無我の思想は、釈尊の洞察として、恐らく世界の思想史において最も注目すべきものであり、今後われわれが人間というものを、根本的に問い直す場合の鍵概念として、再度歴史の表舞台に登場してこなければ、今日の社会の混乱と狂態はますますその度合いを深めるばかりか、個々の人間が内に抱えている存在の空虚さと矛盾は一向に解決されないだろう。というのも、自己愛（エゴイズム）、あるいは組織エゴ（ノスイズム）を剝き出しにしながら、個人から国家に至るまで、保身と面子のためにわれわれは徒に混乱しているからだ。簡単に言えば、人間は仮我のままで良いのかということだ。「私とは誰か」という人間の根本問題が、人間はこのままで良いのかという刺激的な問いになるだろうと言った私の真意はここにある。

　幸いにも、無我の思想は釈尊の滅後、その時々に登場した真の宗教的思想家たちの再検証を経て、細々ながら、何とか生き長らえてきたが、もとより殆どの人々の耳目に届くことはなかった。もし届いていたらこれほどの混乱はなかったはずだ。そして、事情はこれからも変わらないであろうが、われわれ人間に課せられた真実の自己を認識するプロセスの中に無我の体験があり、それを「五蘊の仮我が銷殞して無我の大我となる」と纏めてみたのだ。

　ルーミーが長編宗教詩『マスナウィー』の中で、「まことに無我こそ道のゴールなのだ」と言ったように、スーフィズムにも無我の思想は見られる。過去にイスラーム教と仏教の思想的交流があったかどうか今は問わないが、ルーミーが一連の著作の中で真の自己を宣揚したことは間違いないところであり、それが「普遍的人間」、あるいは「完全な人間」と呼ばれていることもすでに説明した。しかし、ここで問題にしたいのは、禅が「大死一番」といった無我の体験にともなう「死」との関連である。

　つとに知られたハディースの一つに、「死ぬ前に死になさい」というのがある。ここにも死に二つあることが容易に見て取れる。初めの死はわれわれがよく知っている肉体の死であり、後者は仮我（自我）の死を意味している。われわれが現在自分と思っている自己は幻のようなものであり、死が実際に訪れる前にその自己に死んで真の自己になりなさいという意味なのだ。われわれが何よりも避けて通りたい死であるにもかかわらず、「死ぬ前に死になさい」と言うのだから、よほど宗教（イスラーム教に限らないが）というものが、良識ある人々の常識からかけ離れたものであるかがよく理解されよう。だからこそ、多くの人にとって宗教は関心もなければ、必要とされないのだ。包み隠さず言えば、彼らにとって、仮我であろうとなかろうと、それが満たされればいいのだ。もちろん、私はこれまでそれが悪いなどと批判したことは一度もない。

死ぬ前に死になさい、死の苦しみを味わわないために。
光へと通じる死がある、墓の中に入るような死ではない。
（ナスル『イスラーム芸術と霊性』）

死の苦しみを味わわないために死になさいとは、何という逆説であろう。われわれの死は、ただ墓から墓へと巡っている死なのだ。ところが、ルーミーは光の世界へと通じる死があることを自らの体験から知っているのだ。そのための条件、あるいは試練が「死ぬ前に死になさい」ということなのだ。そこにイスラーム神秘主義（スーフィズム）が理想とした「完全な人間」の可能性が開かれてくる。「ひとたびあなたが牢獄（肉体）から解放されたら、あなたの住処は薔薇の園になるだろう。ひとたび殻を破ってしまえば、死は真珠の如きものになるだろう」。苦しみや恐怖はすべて私（自我）に関わるものであるが、死ぬ前に死ぬ無我の体験を通して、ひとたびその私（仮我）から解放されたら、われわれは哀しみと混乱の巣窟である偽りの自己から、真の自己（完全な人間）への変容が可能となる。「私が存在するとき私は無以外の何ものでもない。しかし、私が無であるとき私は本当の意味で存在する……絶対の無我において、私は真の自己に歓喜する」（ルーミー）。

白隠が「絶後に再び蘇る」と言ったように、ルーミーもまた、われわれは死ぬ前に死んで真の自己を知るのでなければ、たとえ多くの知識と情報を手にしようとも、生死に迷う同じ穴のむじなであり、人間を真に人間たらしめる徳性とは縁なき衆生であると見ているのだ。

あなたの死が単なる肉体次元のものであるなら、あなたの死は墓から墓へと巡る死となるだろう。一方、あなたの死が大いなる死（大死）を透過して、生の源泉へと辿りつくならば、あなたは不死なる生、すなわち真実の自己として甦り、再びこの地上に戻りくることはないであろう。死に二つあるように、生にも二つあるのだ。一つは墓から墓へと巡る生であり、もう一つは光の世界へと通ずる永遠の生である。

生死を超える

親鸞は『歎異抄』の中で「われもひとも生死をはなれんことこそ、諸仏の御本意にておはしませば」と言い、『恵信尼書簡』を見れば、彼が比叡山を下り、法然のもとを尋ねたのも「生死出ずべきみち」を知るためであった。しかし、現代のように、人間存在について何の疑問を抱くこともなく、ただ死に急ぐ人々を見るにつけ、生死を超えるなどと言っても、何の意味もないことを私は重々承知しているつもりであるが、それでも論述の流れとしては必要ではないかと思われるので、問わず語りに進めることにする。

まず、われわれ人間は五蘊の仮我であり、五つの構成要素（色・受・想・行・識）を纏めると色心であり、人間は身心から成り立っていた。従って、男であれ女であれ、生死を超えるとは端的に言えば肉体（身体）から自由になるということだ。しかし、肉体から自由になるためには心から自由にならなければならない。なぜなら、生死（肉体）はわれわれの心（妄心）によるのであり、心ゆえにわれわれ人間は生死際なき輪廻の世界に沈淪しているからだ。『華厳経』の「生死はただ心より起る。心もし滅することを得ば生死も則ちまた尽きん」という言葉の真意はここにある。

肉体は心が形をとったものであるから、生死を超えるとは、肉体から離れることであり、肉体から離れるためには、心から離れなければならないのだ。言い換えれば、生死を離れるためにわれわれは直接肉体に働きかけるのではなく（心を離れるプロセスの始めは、肉体、あるいは呼吸に働きかけることになるが、これについては後述）、心に働きかけることによって、肉体から自由になるということだ。

身を了ぜんよりは何ぞ心を了じて休せんには似《し》かん
心を了得すれば身憂えず
（『無門関』〈第9則〉）

つまり、心の問題が解決されれば、自ずと肉体の問題は解決され、われわれは生死を超えて、永遠の安息を得るであろうということだ。

今述べた心と肉体の関係を大変分かりやすく言ったものとして、リチャード・バックの「我々の肉体は思考そのものであって、それ以外の何ものでもない」（『かもめのジョナサン』）を挙げることができよう。ここでは思考となっているが、仏教では心を開くと受・想・行・識の四蘊となり、それぞれ感情、思考、意志、意識を当てることから、思考も心に含められる。

肉体は思考そのものであるという彼の洞察は、われわれのコンテクストで言えば、「生死（肉体）はただ心より起こる」ということであり、肉体を離れるためには思考、つまり心の鎖を断たねばならないということになるだろう。続いて彼が「それ（肉体）は目に見える形をとった君たちの思考そのものにすぎない。思考の鎖を断つのだ。そうすれば肉体の鎖も断つことになる」と言うのを見れば、同じ文脈で捉えられていることが分かる。肉体は思考を離れて存在しないから、思考の鎖を断つことが肉体の鎖も断つことにもなる。われわれを構成している思考（心）と肉体（身）から自由にならない限り、われわれは本当の意味で自由に天翔けることはできないということだ。

すると、次に問題になるのは当然、生死を超えるためにいかにして心（思考）の鎖を絶つかということになるが、方法論を言う前に、二、三注意しておかねばならない点を纏めておこう。それには一遍を取り上げるのがいいだろう。彼もまた、生死の根底に心があると見ているからだ。

生死というは妄念なり。妄執煩悩は実体なし。しかるを、この妄想転倒の心を本として、善悪を分別する念想をもって生死を離れんとすること、いはれなしと、常におもうべし。念は出離の障りなり。生死をはなるるというは念をはなるるをいうなり。心は本の心ながら生死をはなるるということ、全くいはれなきものなり。

（一遍『播州法語集』）

われわれが生死に輪廻しているのはただ妄念に依る、と彼も言う。もちろん、妄念とは『起信論』が指摘していたように、心源の不覚によって生じてきた心（不覚妄心）を指している。その心から生死は起こってくるのだ。ところがわれわれは生死、とりわけ肉体となると、生まれてから死ぬまで、目に見える形をとって存在しているから確かな存在と考えるけれども、心（妄念＝妄想煩悩）が心源の不覚によって生じてきた偶有であるように、その心から起こってくる生死もまた不覚の相に過ぎず、従って、肉体もそれほど確かな存在の根拠があるわけではない。

三界の業報　六道の苦身
すなわち生じ　すなわち滅して　念念不住なり
体もなく実もなく　幻のごとく影のごとし

（空海『吽字義』）

空海が、六道（人間もその一つである）を巡るわれわれの苦身（肉体）は、体もなく実もなく、幻影のようなものと言ったことを、臨済は「夢幻の伴子《ばんす》」と呼ぶ。心が生ずると、夢か幻のように儚い肉体が現れてくるというほどの意味である。さらに『維摩経』は、われわれの身体は転倒したわれわれの心（妄心）と、それに基づく行為（業）から生じてくると言う。

この身は幻の如し、転倒より起こる
この身は影の如し、業縁より現るる
（『維摩経』）

われわれが執着してやまない肉体がほかでもないわれわれ自身の転倒した心（妄心）から生じてくるという認識は、逆に言えば、心が消え去るならば、果たして肉体（生死）などあるだろうかということになる。このように、生死が実体のない不覚の相であり、心（妄念）から起こってくるからこそわれわれは、生死を超えていくことが可能ともなるのだ。

一遍の指摘で最も鋭いのは、われわれの心（それを彼が「妄想転倒の心」と呼んだことは、いやしくも心を扱うものが常に心しなければならないことを、私は蛇足ながら付け加えておく。さらにこの「転倒の心」を生きているわれわれ人間を「転倒の凡夫」と呼ぶことも）でもって生死を離れることは絶対にできないとした点である。何度も言うようだが、この心は不覚妄心であり、この心が生死をはじめ、善悪、美醜、愛憎、悲喜、快苦……さまざまな二元相対の世界を作り出している根本原因であるから、この心をもととして生死を超えることは、事の道理からしてありえない。

親鸞が「外儀のすがたはひとごとに、賢善精進現ぜしむ」（『正像末和讃』）と言ったように、この心を人の目によく見せることはできるだろう。他人を思いやり、慈善事業までやっていれば心優しい、よき人であるには違いない。私も立派な人と正直思う。しかし、言うことが憚られるが、善き人も悪しき人もわれわれの不覚の心（無明妄心）が、状況や環境によって、どちらに振れるかの違いであって、いずれも六道・四生をさ迷う転倒の凡夫にかわりはない。だからこそ、一遍は「善悪を分別する念想（心）をもって生死を離れんとすること、いはれなし」ときっぱり否定したのだ。

そして、親鸞が「善悪のふたつ、総じてもて存知せざるなり」と言ったのも、われわれが社会生活を送る上での常識として、善悪が分からないと言ったのではなく、生死出離を問題にする場合（これが彼の根本問題であった）、善きときも悪しきときも、その根底にある心は迷いの心（妄心）であると知っていたからだ。もちろん善き行いは天・人に叶うかもしれないが、それとても六道の一つであって、生死出離となるわけではない。われわれの心は善きときも悪しきときも無明妄心であり、生死出離の要とならないばかりか、いずれもわれわれ人間を輪廻の罠に縛る業（カルマ）となっているのだ。

善悪ともに皆ながら　輪廻生死の業なれば
すべて三界・六道に　羨ましき事さらになし
（『一遍上人語録』）

このように、心が生死の根本原因であるから、この心をもとにして生死を離れることはできない。むしろ、生死を離れるためにこの心（念）を離れなければならないのだ。親鸞が「思いと思うこと、みな生死の絆にあらざることなし」と言ったことの意味がよく理解されるであろう。

生死というのは心であるから、生死を離れるとは心を離れることであり、善し悪しを判断（分別）している心でもって生死を離れることは絶対にできないということで、一遍は「心は本の心ながら生死をはなるるということ、全くいはれなきものなり」と結んでいるのだ。そして「本の心」とは、われわれが日常生活の中でいろいろと思い煩い、喜怒哀楽を見せながら、是非・善悪を分別している心である。そんな心を残しておいて生死を離れることは、絶対にできないということだ。

今日、大人から子供に至るまでモラル・ハザードを起こしている世情を見るにつけ、心の教育を叫んでみたところで、どれだけ実効あるものになるか大いに疑問であるが、心の教育（「本の心」の教育）はせいぜい人倫の道、すなわち善悪を教える教育とはなっても、人生の根本問題の解決にはつながらないことだけは確認しておかねばならない。

しかし、忙しい現代にあっても、仏道修行と称して、苦行に励み、功徳を積もうとする人がいるかもしれない。そんな殊勝な心もなければ、時間もないわれわれ凡人の目に、その真摯な姿は畏敬に値するように映るかもしれない。しかし、そこに大きな落とし穴がありはしないかと彼らは見ているのだ。親鸞が激しく非難したのは、この自力作善（善を積むことによって生死を超えた悟りの世界に赴こうとすること）の人々であり、心は本の心ながら悟りを得ることなどありえないし、同じことであるが、生死を離れるために善行を積むなど、すべて雑毒雑修の善であり、輪廻生死の業（カルマ）に過ぎないと。

急作急修して頭燃をはらうがごとくすれども、すべて雑毒雑修の善となづく。また虚仮《こけ》諂偽《てんぎ》の行となづく。真実の業となづけざるなり。この虚仮雑毒の善をもて無量光明土に生ぜんと欲する、これかならず不可なり。

（親鸞『教行信証』）

生滅を繰り返しながら、善くも悪くも妄りに起こる心ゆえに、われわれは生死の迷いの世界を転々しているのであるから、心の鎖を断つことによって肉体、つまり生死を超えていくのであり、決して善行を積むことによって生死を離れるということはありえない。それはいわば倫理道徳の道であって、人生の根本問題である生死を超えることには直接関わるものではない。だからと言って、私は人の道を語るとき、善悪を言うことに意味がないなどと言っているのではない。善悪、生死を初めとする二元葛藤の世界がどこから生じてくるかを、今一度明確にしなければならないと言いたいだけなのだ。

生死を離れるために守備良く心の鎖を断つことができたら、あなたは肉体の軛から解き放たれ、もう二度と輪廻の淵に沈むことはないであろう。ここに至って初めて人は、空海が「六道の苦身」と言い、また老子が「わが大患あるゆえんは、わが身あるがためなり。わが身なきにおよんでは、われ何の患かあらん」と言ったように、身体というものがわれわれ人間にとって、ちょっとした牢獄であり、患いの根本であったと知るであろう。

しかし、肉体の鎖を断つことはあなたが無になってしまうことではない。確かに、再び迷いの生存を受けることはないけれども、「妄心にして即ち滅せるときは法身は顕現して」と『起信論』にもあるように、心（妄心）が消えれば、われわれの真理の身体である法身が顕れてくる。つまり、われわれの身心は五蘊の仮我であったが、その心が消えるとき再び肉体（身体）を纏うことはなく、それに代わって真理の身体（法身）が顕現してくるのだ。この真理の身体を白隠は「金剛不壊の正体」と呼び、親鸞は「自然虚無の身、無極の體」と言った。

親鸞のこの言葉は『教行信証』（真仏土巻）に見られるのであるが、元は『大無量寿経』の「天にあらず人にあらず。みな、自然虚無の身、無極の體を受く」に基づいている。そして、実はこの上に「往生」という言葉があって、浄土に往生するとはどういうことかというと、天でもなければ人でもなく（六道の上二つに位置している）、「自然虚無の身、無極の體」を受けて往生するという意味なのだ。

この「金剛不壊の正体」、「自然虚無の身、無極の體」こそ「法界の大我」（『大乗荘厳経論』）であり、われわれの真実の自己なのだ。それを受けてわれわれ人間は、生死を超えていくとなろうか。

如実に自心を知る

このように生死の問題は心の問題に還元される。しかし、それは初めに『起信論』が、大乗とはわれわれの心（衆生心）であり、われわれをサンサーラの世界（生死）からニルヴァーナの世界（涅槃）に乗せて渡す大いなる乗り物が心であるとしたことからも当然の帰結といえる。しかし、その心に心真如（真心）と心生滅（妄心）の二つがあり、もちろん現在われわれが生きている心は意志、思考、感情など、われわれを生死の絆に繋ぎ止める妄心であって真心ではない。事実、われわれは一度も心の真実の相（心真如＝真心）を知ったことがないのだ。だからこそ徒に生死を繰り返してきたのである。心を真実の相において知ることの大切さを言うのは『起信論』だけではない。

たとえごうしゃの書を読むも　一句を持するに如《し》かず
人ありてもし相い問わば　如実に自らの心を知れ

（良寛『草堂詩集』）

われわれはたくさんの本を読む。そのことで知識や情報は増えるであろうが、大切なことがいつも忘れられている。それは何かと問われたら、「実の如く自らの心を知ること」、つまり心の真実の相（心真如）を知ることだと良寛は答えている。そして、彼には何を知るよりも、それさえ知ればいいのだという想いが、「一句を持するに如かず」という言葉の中に込められている。

如実に自心を知ることの大切さは、空海が真言密教を開く場合に所依の経典とした『大日経』の中にも見られる。

「秘密主よ。云如が菩提とならば、いわく、実の如く自心を知る」と云うは、すなわちこれ如来の功徳宝所を開示するなり。人の宝蔵を聞いて意を発して勤求すといえども、もしその所在を知らざれば、進趣するに由なきが如し………。問うていわく、もし即心《そくしん》これ道ならば何故に衆生は生死に輪廻して、成仏することを得ざるや。答えていわく、実の如く（自心を）知らざるを以ての故に………

（『大日経疏』）

仏教のいう悟り（菩提）とは何かを『大日経』はきわめて明快に「実の如く自心を知る」ことであるとした。われわれ一人ひとりの心こそ、悟りそのものであると言うのだ。そして、釈尊が悟りを得たとき、何を覚ったのかというと、彼自身の心にすべての智恵・徳相はもとより備わっていたという事実であった。しかも、それはひとり彼だけではなく、「自家の宝蔵」は誰もが本来同じように備えている（黄檗）。だから後の世のわれわれも、求むべきは自分自身の心であるということだ。またその事実は、われわれがこれから善行を修し、功徳を積むことによって悟りを得るのではないことを示している。

しかし、心が真理（道）そのものであり、真実の功徳がすでに具わっているというならば、なぜ現在われわれは悟るどころか、衆生に甘んじ、生死に輪廻しているのであろうかという問いが当然生じてくるであろう。それに対して、「実の如く自心を知らない」からだと答えている。ただそれだけの理由でわれわれは生死に輪廻し、迷いに迷いを重ねているのだ。

「如実知自心」（如実に自心を知る）ということが、決してわれわれが善くも悪くも日夜想い煩っている心を知ることではなく、心の真実の相（真心）を如実に知ることであり、それが悟りとも呼ばれ、また涅槃、成仏とさまざまに呼ばれているのだ。ここで空海がわれわれの心を本心と妄念に分け、本心を悟りの心、すなわち仏心としたことを思い出していただけるならば、「自心」とは、われわれが普通に心と呼んでいるものではなく（それは妄念に過ぎない）、本心（仏心）を指していることは容易に理解されよう。

もし自心を知るはすなわち仏心を知るなり。仏心を知るはすなわち衆生の心を知るなり。三心平等なりと知るをすなわち大覚（如来地に到る）と名づく（『華厳経』の「心仏及衆生、是三無差別」と同義）。

（空海『性霊集』）

空海は自分の心（自心）を如実に知ることが悟りであり、それを知ることが仏の心（仏心）を知ることにほかならないと言う。そして、それを知ったとき、自分の心だけが優れた智恵・徳相を具えているのではなく、すべての人の心（衆生の心）も自分と同じであると知るのだ。

これまでわれわれを個々に分け隔ててきたのは、われわれが自分の心と思い込んでいた妄心であり、もしその心を離れ、本心（真心）を知るならば、過去排出したであろう多くの仏陀の心と自分の心はどこも異なりはしないばかりか、たとえ現在、妄想転倒して、生死の苦海に沈淪しているすべて人の心にも、本来悟りの智恵・徳相は具わっている。このように「三心（自心・仏心・衆生心）平等なり」と知ることが仏教における悟り（大覚）であると、彼は言う。換言すれば、「自心」を知って初めてわれわれは、真の平等とは何かを知るのだ。歴史とはある意味で、平等をスローガンに掲げながら繰り返される階級闘争の歴史でもあったが、われわれが現実として捉えている世界においては、機会の均等ということがあっても、本当の意味で平等ということはありえないのだ。

心源の不覚によって本源の世界（一法界）をさ迷い出た心（妄心）は、見るもの（人）と見られるもの（物）の二つに分裂し、われわれは、主客という実在論的二元論で捉えた現象の世界（妄境界）へと入っていく。そこでわれわれは自己への執着と物への執着を強め、この人・法（私・物）に心が囚われていくことが人我見・法我見ということであった。そして、この二つの我見（執着）があるためにわれわれ（の心）は六道・四生を転々としているのであるから、その心を翻して心の本源へと辿り着けば、それがとりもなおさず涅槃（解脱）である。

我見《がけん》熏習して心は諸趣に流転す、
心を安んじて内に住し、流れを廻するを解脱と説く。

（『大乗荘厳経論』）

心理学のように、この諸趣に流転する心（われわれが普通に心と呼んでいるもの）を分析し、理解するだけではさしたる意味もない。というのも、この心は心源の不覚によって生じてきた妄心であり、『起信論』における悟りとは、その心を除き、心源を覚ることであるからだ。すると、良寛や空海が自心を知ることが悟りであるとしたことと、心の本源を知ることは同じことになるだろう。従って、如実に自心を知るための実践的プロセスは、現在外へと向かっている心を内へと転じ、心の本源へと帰って行くことなのだ。

妄りに起こる心ゆえにわれわれは生死流転しているのであるから、諸趣に流転する心を摂して心の本源へと辿り着くとき、心はおのずと生死の流れを脱し、そこはもとよりて涅槃である。問題は「内に住し」とあるように、われわれは外に向かう心を摂して、内なる心の本源へと再び帰っていかねばならないということだ（摂末帰本）。

宗教とは外側から内側へと目を転じ、われわれの内なる実存の最も深いところで、あなた自身が探る仏（神）の存在可能性であり、それを仏教は仏性と呼び、空海は本心、『起信論』は真心（心性）、あるいは自性清浄心とさまざまに呼ぶが、誰もが本来平等に具えているものなのだ。外に向かう心を廻らせて心の本源へと辿り着くとき、われわれは初めて、真に私の私といえるもの（自家の宝蔵）に行き着く。といってもそれは仏（神）にほかならないが、そこに解脱、すなわち生死出離ということがあり、あらゆる二元性を超えた真に自由な境地が開かれてくる。この「心を安んじて内に住し、流れを廻する」方法が、『起信論』では後で扱う「止観双修」なのだ。

このように、宗教とは心を外から内へと廻らし、心の本源へと帰っていくことである。それを回心（廻心）と言うが、われわれは改心という言葉があることも知っている。回心と改心の違いは、後者の場合、われわれが為した行為について反省をし、心を改めるということで、これは倫理道徳の問題である。従って、改心しても、回心になるとは限らない。回心とは心を内へと転じ、心の本源へと入って行くプロセスであるからだ。そういう意味で『大乗荘厳経論』の「心を安んじて内に住し、流れを廻す」とあるのは、回心の本質をよく言い表している。

改心しても、また悔い改めるだけでは宗教にはならない。改心と回心は全く質的に異なる心の処し方なのだ。分かりやすく言えば、われわれが現在生きている心は、善悪を初めとするあらゆる二元性を判断（分別）する心、すなわち妄分別である。それを『起信論』は妄心と呼んだことはすでに何度も繰り返し述べてきたが、改心とはあくまでも悪しき心を反省して、善き心に改めるということだが、その善し悪しが妄心の領域に留まる出来事であるのに対して、回心とはこの妄心から真心、心から心の本源へと向かうことであるからその違いは明らかである。

だからといって私は改心など必要ないと言っているのではなく、われわれが社会生活を送る上で悔い改めることが必要な場合もあるが、「如実に自心を知る」ためには心を改めるだけでは不充分で、一歩進めて回心にまで至らねばならないということだ。そこに宗教と倫理における心の処し方の根本的な違いがあるのだ。


須《すべから》く回光返照の退歩を学ぶべし。身心《しんじん》自然《じねん》に脱落し、本来の面目現前せん。

（『道元禅師語録』）


「回光返照《えこうへんしょう》」も同じように、これまで外に向かっていた心を内へと回光（回向＝廻向）して、心の本源へと立ち返るという意味である。そして道元が、学ぶべきは、あるいは修すべきは「退歩」であると言った意味を、今日われわれは真剣に考えてみる必要があるだろう。というのも、われわれの関心は常に外側に向けられ、科学技術の発達とともに、人間を入れる器は進歩もしてきた。そして、今や人類は宇宙へと飛び立ち、関心は地球外へと向けられつつある。

それにもかかわらず個々の人間は進歩とは裏腹に、満たされぬ虚しさと孤独を深める一方で、一時の楽しみを求めては、興味をそそる手近なものに次々と手を広げ、波々《はは》として死ぬまでの時間を駆け抜ける。が、その全体の意味がよく分かっていない。もちろん、そんなことを知らなくとも、人間の欲望が作り上げた共同幻想の世界で、われわれ人間を一時も飽きさせないために、日夜続けられる過剰供給が、人間の内なる虚しさを忘れさせるのに一役買っているのもまた、皮肉な事実である。

とは言え、宗教は科学の発達に懐疑的なまなざしを向ける傾向にあるが、決してそうであってはならない。われわれのこの虚しさと体たらくは、一体どこに原因があるかを示せない宗教の側にも問題はある。道元は外に向かう心を廻らして心の本源、あるいは存在の根源へと一度退いてみてはどうかと言っているのだ。もしそこに何もなかったら外側を探せばいい。しかし、内なる実存へと辿り着いた過去の覚者たちは皆一様に、表現は異なるけれども、そこに始めもなければ終わりもない永遠なる真理（至福の生）を見出していた。

宗教とはいつの時代でも、進歩ではなく退歩なのだ。進歩とは少なくとも個々の人間にとっては生き急ぐ時間であり、すべてはホリゾンタルに動き、最後は今生で満たされなかったさまざまな思いに対する諦めと、果たして自分がどこに流れ行くかも分からない不安の中で、ただ死を待つというものだ。もっとも、死はすべての終わりと高をくくっている者にとって、不安もなく満足して死んでいけるということもあるだろう。それがプロローグで紹介した四人（宗教者と科学者）のように、生と死について熟考した末のあなたの結論ならそれもいいだろう。しかし、生死の問題が思考（心）によって解決されないことは、これまでの説明からも分かるはずだ。

空海と良寛は生死の問題を解決していたが、パスカルとプランクは問題を提起はしたが、残念ながら解決までには至っていない。従って、この世には三種類の人種が存在することになる。一つは生死を超えた覚者、二つは解決するまでには至っていないけれども、真摯に生死の問題を問い続ける者、そして最後は、さして考えることもなく、死はすべての終りと高をくくっている合理的な愚か者である。そう言えば、彼らを「うつけ」と呼んだのはルーミーではなかったか。もちろん、そんな彼らに覚者が知り得た永遠の真理など耳に届くはずもない。

一方、退歩とはバーティカルに外側から内側へ、つまり心から心の本源へと還って行くことである（返本還源）。そこがわれわれの帰るべき永遠の故郷であることはすでに述べた。さらに外に向かう心を内へと回光返照して、われわれが実際に退歩のプロセスを歩むとき、自然にわれわれがこれまで自分と思ってきた夢幻の如き身心、すなわち五蘊の仮我（身＝色、心＝受・想・行・識）は脱落し、その背後から本来の面目、すなわち真実の自己（真我）が顕れてくる。この真我は無我の大我、あるいは法界の大我（法身）とも呼ばれ、仏にほかならなかった。このように、心と仏が一つに結ばれてくるところが心の本源であり、本源清浄心は本源清浄仏でもあるのだ。道元が言う退歩とは、われわれ一人ひとりが「衆生本来仏なり」と知る瞑想のプロセスにほかならないのだ。

「如実に自心を知る」ことが真実の自己（仏）を知ることであり、ひとたび自心を知るに至ったら、身心（仮我）は自然に脱落し、すなわち無我となって真我（大我）として甦ると、あなたは再びこの地上に戻りくることはないであろう。つまり、あなたは因果（カルマ）にもようされてわけもなく生まれてくることはもうないということだ。そのときあなたは、永遠に朽ちることのない真理の身体（法身）として、どこに存在するというのではないけれども、至るところに存在するであろう。無我の大我（法界の大我）の意味はそんなところにある。

大夢と大覚

『楞伽経』が、この世界はわれわれ自身の心が現出した幻の境界（自心所現の幻境）であると言ったように、世界はそれだけで存在しているのではなく、外的に存在するとみられる客観世界も見る主体の心と密接に結びついていた。世界を語るとき心を語らざるをえないし、心を語れば世界も語ることになる。世界はそれを捉えている心と離れては考えられないのだ。もちろん、この心も不覚の心（妄心）であるが、われわれが存在している三界生死の世界（サンサーラの世界）は、われわれ自身の心が生み出した幻の世界であるというのだ。

そして、幻（幻境）とはどういうことかを説明するのに『起信論』は、われわれが捉えている世界は鏡に映った姿に実体がないように、世界もまたわれわれが見るが如くに存在しているのではないと言った（鏡の比喩）。しかし、そうとは知らないわれわれ人間は、川面に映った月影を掬い取ろうとして猿たちが次々と川に入り、命を落としていくように、あれもこれも手に入れようと外を駆けずり、あたら生命を無駄に使い果たし、一人消え、また一人と消えていく哀しみに、遥夜、思わず落涙する良寛がいた（月華の比喩）。また、空海は、恐ろしい夜叉の絵を描き終えた画師がそれを見て、恐ろしさのあまり地に倒れ伏すように、われわれ人間もまた自ら「三界を画作」して、かえってさまざまな問題と苦悩を抱え込んでいると（画師の比喩）。

これらの比喩はすべて、われわれが現実と思っている世界が、それほど確かなリアリティを持つものでないことを、われわれ人間に分からせようとしたものであるが、これらと並んでよく引き合いに出されるものに「夢の比喩」がある。

夜眠りにつくと夢を見るということがある。いい夢も悪夢もあるだろう。しかし、夢というのはどんな夢であれ、それを見ている当人には、リアリティがあるものとして映っている。時には恐ろしい夢を見て逃げ惑うということがあるかもしれない。そのとき彼（彼女）は何としてもその状況から逃れたいと思うほどリアリティをもって夢を見ているはずだ。しかし、目覚めてみるとそれが夢であったと知ってホッとする。目覚めてからも夢に悩まされる人はいない。夢を見ている間は確かに存在していたが、目覚めると夢はもうそこにはないからだ。

逆に言うと、目覚めない限り、人は独り悪夢と格闘し続けることになるだろう。もちろん、中にはいつまでも見ていたいと思う夢があるかもしれないが、いずれも心が生み出した虚妄であることにはかわりはない。そして、これが現在のわれわれに起こっていることなのだ。つまり、われわれの現実の世界も夢のようなものだというのだ。というのも「生死はただ心より起こる」とあったように、われわれは自らの心が作り出した生死の夢を見ているのだ。だからと言って、それは存在しないということではなく、夢のように「仮有実無」であるということだ。われわれが現実だと思っているこの世界もまた、夢のようなものであることを良寛は次のように言う。

夜の夢はすべてこれ妄にして　一も持論すべきなし
その夢中の時に当たっては　宛として目前に在り
夢を以て今日を推すに　今日もまた然り

（良寛『草堂詩集』）

夢はそれが美しい夢であれ、悪夢であれ、目覚めればすべて消えてない。文字通り、仮有実無の夢を取り立てて議論する者はいない。しかし、夢を見ている間、その夢は真にリアリティをもって彼（彼女）の前に立ち現れている。つまり、夢を見ているときにはそれが夢だとは分からないものだ。夢だと知るのは、われわれが夢から目覚めたときだけなのだ。

良寛が、われわれの目覚めた状態も夢のようなものであると言ったことを、ヴェーダーンタの哲学は「目覚めは夢の延長に過ぎない」と言った。また、この現実を実際の夢と区別して、荘子は「大夢」と呼ぶ。そして、夢から目覚めることがあるように、大夢からも目醒めるということがあるのだ。それを同じく「大覚」と言う。しかし、現実が大夢であるとわれわれが本当に知るのは、大覚あって初めて可能になるのは夢の場合と同じである。

その夢見るにあたりては、その夢なるを知らざるなり。夢の中に、またその夢を占う。覚めて後に、その夢なるを知る。かつ大覚ありて、しかる後に、これその大夢なるを知るなり。

（『荘子』〈斉物論篇〉）

夢を見ている間はそれが夢だとは分からない。それどころか、われわれは夢の中で夢占いをすることだってありうる。いわゆる現実という大夢の中で、われわれはこれと同じようなことをしているのではないか、人間はこれほどまでに奇怪な存在だと荘子は言おうとしたのであろう。しかも、この大夢からわれわれ自身が目醒めない限り、この奇妙な情景にわれわれは何の疑いを抱くこともなく、生死の夢は果てしなく続いていく。なぜなら、夢がそうであるように、この現実（三界）もまた、自ら進んで大夢だと言いはしないからだ（三界は自ら我れはこれ三界なりと道《い》わず）。

この世界が夢（大夢）であることを人に説得する術はないことに、あなたは気づいているだろうか。例えば、悪夢にうなされている人に、それは夢に過ぎないとあなたはどう説明する。あなたが外側からそれは夢だと説き続けても、彼（彼女）は、今自分の面前で実際に繰り広げられている夢の方を信じ、あなたの呼びかけに耳を貸そうとはしないであろう。長き生死の夢を貪り、いぎたなく眠るわれわれ衆生の覚者に対する姿勢もこれと同じだ。たとえ彼らが、われわれの世界は共同幻想の世界（大夢）であると言ったところで、酔っ払いが素面の人間に食ってかかるように、それこそ戯言ではないかと笑って取り合わないだろう。

哀なるかな、哀なるかな、長眠《ちょうめん》の子《し》。苦なるかな、痛なるかな、狂酔の人。痛狂は酔わざるを笑い、酷睡は覚者を嘲る。

（空海『般若心経秘鍵』）

酷睡の人を目醒めさせることは、とても難しいに違いないが、それでも宗教における方法論は、この夢（大夢）を見ている最中にあって、それを夢だと気づく術を教えようとしているのだ。繰り返すようだが、われわれが今どっぷりつかっているこの現実を夢と知ることは、そう容易なことではない、殆ど不可能に近い。実際、われわれが夢だと気づかないからこそ生死の夢は無始劫来続いているのであり、それは昨日今日始まった夢ではないだけになおのこと難しいのだ。そして、「この世は夢の如し」（ルーミー）と、言葉として知ってはいても、それだけでは本当に知ったことにならない。

そこで、われわれの当面の問題は、この夢の如き現実（大夢）からいかにして目醒めるかにかかっている。そして、この夢から目醒めることを大覚と言い、これがいわゆる悟りなのだ。悪夢にうなされている人に、それが夢だと分からせるには、起こしてやればいいように、現実という生死の夢を見ているわれわれにも、少しばかり外からの揺さぶりが必要なのだ。もちろん、それはわれわれ一人ひとりが自分自身に働きかけることであり、それが瞑想と言われるものなのだ（『起信論』の場合、それは「止観双修」となる）。そして、もし目醒めることができたら、三界生死の妄境界（六道・四生）はそこに消えてないだろう。それは、われわれが生死の夢（大夢）を見続ける限り存在しているものであるからだ。

夢裡　明明として六趣有るも
覚めて後　空空として大千無し

（永嘉玄覚『証道歌』）

眠りから覚めると、悪夢だけではなく、美しい夢も消えるように、われわれがこの現実（大夢）から目醒めるとき、あれほど狂喜し、また、生きては行けないのではと思うほど深刻な事態もことごとく消えてないだろう。われわれが考える幸・不幸など、そこには一切ないのだ。しかし、われわれは悪夢のような出来事は早く消えてほしいと思うが、楽しく、美しい夢だけはいつまでも見ていたいと思う。しかし、事の本質からしてそんなことはありえない。「夢の比喩」はわれわれが現在立ち至っている状況を見事に言い当てているだけではなく、われわれ人間の余りにも人間的な夢や欲望の本質を暴く、諸刃の剣でもあるのだ。

このように、われわれが現実と捉えている世界もまた夢の延長に過ぎないが、大夢と大覚の関係、とりわけ大夢から目醒めるプロセスにおける注意点を挙げておこう。それには『起信論』の「一切の心識の相は皆是れ無明にして、無明の相は覚性を離れざるを以て、壊すべきに非ず、壊すべからざるに非ず」を取り挙げるのがいいだろう。

「一切の心識の相」とはわれわれの心、例えば思考、感情、欲望、認識などすべての心の働きを言う。しかし、この心は心源の不覚によって生じてきた無明妄心であり、そのためにわれわれは無始よりこのかたサンサーラの淵に沈み、生死の夢を見ている。しかし、サンサーラの世界（無明の相）はニルヴァーナの世界（覚性）を離れて存在しているのでないことは、ちょうど波が海を離れて存在しているのではないのと同じだ。そこを「無明の相は覚性を離れざる」と言い、続いて「壊すべきにあらず壊すべからずにあらず」と言うが、一体何を壊すべきではないと言っているのだろう。それはわれわれが現在どっぷり嵌り込んでいるサンサーラの世界に直接手を加え、破壊し、一掃してしまうことではないということだ。もちろん、このままで良いというのではないから、壊さないのでもないと言う。ここにはサンサーラの世界からニルヴァーナの世界へ渡っていく、同じことであるが、生死の夢から目醒める場合の大変微妙な問題が含まれている。

夢と夢見る人との関係で言えば、悪夢にうなされている人が、それを取り除くためには目覚めるだけでいいにもかかわらず、もし悪夢と真剣に戦い始めたら、彼（彼女）はますます苦境に追い込まれるだろう。ちょうど自分の影に怯え、逃げ惑う人のように疲労困憊することだろう。また、悪夢を見ている人まで切り捨ててしまうと大変な間違いを犯すことになる。確かに仮有実無の悪夢はなくなるであろうが、その人までも無くなってしまう。

このようにサンサーラの世界だからといって、見るもの（私）と見られるもの（世界）、いずれも力ずくで取り除こうとすることは、全く誤った取り組み方と言わざるを得ない。自殺が意味のない愚行であることが、ここから理解されるであろう。だからと言って、このままサンサーラの世界に留まっていいわけはない。ニルヴァーナ（涅槃）はサンサーラ（生死）を離れて存在するのではなく、生死の夢（大夢）から目醒めさえすれば、そこがとりもなおさず涅槃（大覚）なのだ。だから問題は、われわれ自身が生死の夢から目醒めるかどうかの問題であり、『起信論』が「壊すべきにあらず壊すべからずにあらず」という大変持って回った表現をとっている理由がここにある。

宗教というのは決して、現実という共同幻想の世界に直接手を加えたりはしない。いわんや破壊活動に手を染めることもない。それは政治家や革命家がすることである。しかし、彼らは気づいていないけれども、彼らがしていることは、もう一つの共同幻想の世界を作り出しているだけなのだ。そして、彼らの心を掠めた妄想と劣等感の裏返しに過ぎない権力への飽くなき欲望のため、どれだけ凄惨かつ意味のない流血を見たか、われわれは歴史を少し振り返れば明らかなことだ。否、今このときも世界のどこかで惨劇は繰り返されている。宗教は心（妄念）が作り出した共同幻想の世界に直接手を加えるのではなく、われわれが共同幻想の夢から目醒めるならば、その後に涅槃の世界が広がっている。どこにも問題はなかった。生死を初めすべての混乱は、ただわれわれの心が生み出した幻影に過ぎなかったと気づくだけなのだ。

　是によりて生死において　　捨つるに非ず捨てざるに非ず
　亦すなわち涅槃において　　得るに非ず得ざるに非ず

（無著『摂大乗論』）

あえて生死（サンサーラ）を捨てようとしたのでもなく、またそれをよしとしたわけでもない。ただ、生死の夢（大夢）から目醒めれば、そこがとりもなおさず涅槃（ニルヴァーナ）であった。だから、ことさら新たに涅槃を手に入れたわけでもなく、生死の夢を見ていたために見えていなかっただけなのだ。ここには、われわれ衆生がサンサーラ（生死）からニルヴァーナ（涅槃）に至るプロセスとして、非常に重要かつ微妙なところが言われている。

瞑想の心理学

目覚めた状態は夢の延長であった。そして、いずれの場合もその根底には心があった。夢が少しばかり原始的で唐突なのに対して、いわゆる現実という夢（大夢）は、少しばかり合理的で洗練された文化の香りを留めている。しかし、この夢は、時に世界を巻き込む悪夢となったことは歴史の事実がよく示している。しかも、科学技術の進歩にともない、それは巧妙かつ凄惨極まりないホロコーストともなった。

心は美しい夢から悪夢までどんな夢をも作り出し、その実現に向けてわれわれはこれまで多大のエネルギーを注いできた。が、われわれが目にしているあらゆる現実は、個人から国家に至るまで、もとはと言えば、われわれの心を一瞬掠めた思考（想念）にほかならない。そして、心はその心にとってのみ意味のある世界をいくらでも作り出しているが、それらはいずれも、本源から紡ぎ出された心像（幻境）に過ぎない（自心所現の幻境）。この良くも悪くも現実という夢を生み出しているのは心（思考）であり、心が存続する限り、われわれ人間はそれが夢（大夢）であると気づくこともなく、またどこに向かおうとしているかも分からないまま、共同幻想の夢を追い、その結果、悲喜劇は果てしなく繰り返されることになる。そして、この夢から目醒めることを説いたのがほかならぬ宗教なのだ。

心源の不覚によって生じた心が生死の夢を紡ぎ出し、われわれは迷いに迷いを重ねる常没の凡夫となっているのだが、心とは感情、思考、記憶などを含む観念の巣窟であり、それらが除かれると果たして心など存在するだろうか。心は妄りに起こる想念の流れであるから、それらが空じられると心はもうないのだ。つまり、心は無心となる（無心とは一切の心なきなり）。『起信論』は無心という言葉は使わないけれども、一瞬一瞬（念念）に湧き起こる想念（妄念）を離れるということで、離念という言葉を使う。離念というも無心というも意味は同じであり、『起信論』はわれわれ人間を、念（心）を離れた「離念の境界」に誘おうとしているのだ。心（念）ゆえにわれわれは生々死々を繰り返しているのであり、その心を離れ、無心（離念）となれば、たちまち生死の世界を離れ、そこはもとより涅槃の世界なのだ。有心ならば生死流転する常没の凡夫となるが、心を空じて無心となれば涅槃の都へと帰入して仏と成る。

有心は生死の道、無心は涅槃の城なり。生死をはなるるというは、心をはなるるをいうなり。

（『一遍上人語録』）

仏教は悟りの、あるいは成仏の宗教であるといわれる。そのためには修行、といっても苦行のイメージが強いが、その取り組みには少し注意を要するようだ。

仏に成るというと、どうしてもわれわれが日常生活の中で何か目標を設定し、それに向けて努力をした結果、常に成功と失敗が問われるようなものと同じレベルで考えられがちであるが、悟り（成仏）の体験は因果成敗というような二元対立の彼方にある。だからといって、あなた以外のどこか遠くにそれを求めるのも間違いである。なぜなら、それはあなたの心の本源において、あなた自身が探る真理（仏）の存在可能性であるからだ。

一切衆生本来是れ仏にして、修行を仮《か》らざることを直指す。

（黄檗『宛陵録』）

われわれ衆生が本来仏であるから、修行や努力によって、これから仏に成るというのではない。すでにそれ（仏）であるものに、さらに成る必要もないというので、黄檗は「修行を仮らざる」と言ったのだ。また『起信論』が「本よりこのかた性《しょう》（自性）に自ら一切の功徳を満足す……満足して少《か》くる所あることなき義なるが故に、名づけて如来蔵となす、また如来の法身とも名づくるなり」と言ったように、われわれはすでに自らの本性（自性）に必要なものはすべて具えている。それだけではなく「如来の法身」とは仏のことであるから、さらにこの上に功徳を積み上げて、仏に成るという問題ではないということも容易に察しがつく。

一切の衆生は本来常住にして涅槃に入れり、菩提の法は修すべき相にも非ず、作るべき相にも非ずして、畢竟無得なればなり。

とあるように、われわれ衆生はすでに涅槃に常住しているのであるから、悟りを得るためにことさら修行をしたり、まして悟り（涅槃）の世界を作り出すのでもないから、「菩提の法（悟り）は修すべき相にも非ず、作るべき相にも非ず」と言われていることなども考え合わすと、悟り（成仏）は修行や功徳を積み上げることによって達せられるようなものでないことは明らかである。しかし、だからといって、何もしなければ生死の輪はいつ果てるともなく回り続け、ますます無明の闇は深まっていくであろう。

この矛盾はどう理解すれば解消されるのであろうか。それは「聞・思・修の三慧」とされた「修」を、仏道を歩む上でどう理解すべきかということだ。まず、明確にしておかねばならないのは、われわれは自分の意志や努力によって仏に成るのではないということだ。なぜなら、仏に成ろうとしているのは、実はわれわれ自身の心（妄心）であり、そこからは妄境界（生死の世界）しか現れてこない。そんな心でもって仏に成ろうとしても金輪際ありえないし、生死を超えることも叶わない。というのも、その心が真理を覆うヴェールになっているから、心はいつかどこかで消え去らねばならないのだ。

この心でもって仏道を修することは、あたかも瓦を磨いて鏡を作るように愚かな行為なのだ。たとえそれが善き業であっても、その根底にあるのは不覚の心（妄心）であり、その心が迷いであり、また生死、善悪を初めとする二元相対の世界を作り出しているからだ。生死も心ならば、心ゆえに真実が見えなくなっているのであるから、そんな心でもって悟ることなど万劫を経るともありえないばかりか、ますますわれわれを生死の絆に繋ぎ止めることになるだろう。

この心はよき時もあしき時も迷いなる故に出離の要とはならず。

（『一遍上人語録』）

従って、「修」を言うならば、この心（妄心）を除くことでなければならない。われわれが本来仏であること、同じことであるが、われわれが本来涅槃に住していると知るために（「仏と衆生と同じ解脱の床に住す。此もなく彼もなく無二平等なり」空海『吽字義』）、生死の夢（大夢）を見ている心を除き、目醒めさえすればよいのだ。そのためには何よりもわれわれは妄動する心（妄心）を捕え、除くことによって心の本源へと帰っていかねばならない。なぜなら、そこが『起信論』の言う悟りであり、生死の夢から目醒める時でもあるからだ。

かくして、われわれは自らの心と取り組み、妄動する心を除き、心の本源へと帰っていくことになるが、ただ思考や欲望を封じ込めるだけでは、かえって内に閉ざされたエネルギーは鬱々とそのはけ口を求め、あらぬ方向に暴走しかねない。また、何の予備知識もなく無理やり心を静めようとすれば、かえって心は乱れるばかりであろう。従って、まず心がどう機能し、思考や欲望の本質を理解することが求められてくる。

二元論の網の目を通して、われわれが外的に存在するものとして見ているすべてのものは、われわれの心（不覚妄心）が主客に分裂した結果であり、見るもの（主）と見られるもの（客）はそれぞれ独立して存在するのではない。さらに、われわれが見ているものはわれわれ自身の心であるとも知らず（見色即見心）、われわれは見るものと見られるもの、知るものと知られるものという主客の実在論的二元論に立って経験を積み、知識や情報は増えていくが、知る「私」はいつまでも知られないまま背後に残る。

ところが、宗教とは自己認識の問題であり、この無知があらゆる混乱の元凶となっているのであるから、この知るもの（主）が知られるもの（客）とならねばならない。しかし、知られるべきは私自身であるという観点に立って、実際に「私とは何か」を探ろうとしても、私といわれるものが経験の背後に実際に存在しているのではなく、善くも悪くも妄りに心が生じ、感情、思考、意志など、とりとめのない想念の流れが私の正体だということに気づくだろう。

例えば、怒りに駆られてとんでもないことをしでかすかも知れない自分を抑え、何とか怒りを鎮めようとしている人がいるとしよう。怒り（客）もその人なら、それを抑えようとしているのも（主）その人であり、この主客の分裂がその人の心に葛藤を引き起こしていることは確かだ。決してこれらの経験の背後に、私といわれるものが存在しているのではない。また、われわれの経験としては主客の二つがあるように見えるが、実は一つの心が分裂しているだけなのだ。

それは人間の優れた特性とされる思考についても言える。われわれは「私の考え」とよく言う。すると思考にも、思考するもの（主）と思考（客）の二つが存在するように見えるが、そうではない。つまり、思考する私がまず存在して、思考を紡ぎ出しているのではないということだ。思考（客）と思考するもの（主）は同じ心であり、思考は思考するものであるのだ。『起信論』が「一切の分別は即ち自心を分別するのみ」と言った真の意味はここにある。

確かに、「私の考え」などと言うと、いかにも私が存在しているように思うが、ただ心が主客の二つに分かれているだけなのだ。しかも、それは見せかけとして存在しているにもかかわらず、われわれは自分の考えを捲し立て、いつも正しいのは自分であり、今日のように自己主張が叫ばれると、私（自己）が存在するかのように錯覚するとしても何の不思議もない。

このように、微妙かつ理解しにくいところではあるが、心を支配し、さまざまな感情や思考を生み出している私が、それらの経験の背後に存在しているのではなく、心そのものが私でもあるのだ。『起信論』がわれわれの心は生滅を繰り返しながら、途絶えることがないというので、生滅心あるいは相続心と呼んだように、われわれの妄りに動く心の連続性が、一貫した私が存在するかのような印象を与えているのであって、私は在るという観念は心（思考）から生じてくる。デカルトの「我思う、故に我あり」という哲学の命題は、この意味においてのみ真実を突いている。

心と私の関係を今述べたように捉えなおすと、われわれが私と呼んでいるものがそれほど確かな存在ではなく、単に心が仮構した仮我（先にわれわれはそれを「五蘊の仮我」と呼んだ）に過ぎないと一層よく理解されるだろう。もちろん仮我に対して真我もあるが、そうとも知らず、これまでわれわれは仮我に多大のエネルギーを注ぎ、徒に生々死々を繰り返してきたのだ。しかし、それは私というものが存在するから、あるいは実体的な心というものが存在するから（それを魂と呼んでもいいが）、輪廻転生を繰り返しているというよりは、心そのものが善くも悪くも妄りに生じ、感情、思考、意志など、とりとめのない想念の流れが自己増殖しながら、つまり私という仮我を仮構しながら、どこに流れ行くかも分からず、転々と彷徨っているといった方がより真実に近いと言えるかもしれない。ともあれ、そこに一貫した私が存在するのではない。

過去世に私が存在したというのは正しくない
なぜなら、過去世の私と現世の私は同じではないから
過去世に私が存在しなかったというのも正しくない
なぜなら、現世の私と過去世の私は異なるのでもないから

（ナーガールジュナ『中論』）

さて、思考が具体的なイメージとなって、一定の方向が定まると、その実現のためにわれわれは努力を惜しまないが、思考も心ならば、その実現に向けて努力するのも同じ心だということにあなたは気づいているだろうか。もしこの思考（心）のからくりを理解することができたら、われわれは欲望の本質をも理解することになるだろう。なぜなら、思考と思考するものの間にある見せかけのギャップに欺かれ、思考を追い求めていくことが欲望であるからだ。つまり、心が生み出したもの（客）を心（主）が追い求め、その結果に一喜一憂しているのもまた心であるということだ。これが欲望の本質でもあるから、私はかつて、人間とは目の前に自分でぶら下げた人参を捕らえようとして走り続ける馬のようなものである、と言ったのだ。

この状況をイメージしていただけるならば、思考、すなわちわれわれの心はただ自己増殖を続けるだけであって、われわれをどこに導くこともなく、ただ走り続けるしかないことが理解されるであろう。事実、誰もわれわれの生がどこに行き着くかなど問うこともなく、先を競って走っているのだ。そして、走り続けている間は、生き甲斐を感じることができても、立ち止まり、リタイアした途端に行き場をなくし、心をどう扱えばいいのか分からなくなる。奇妙なことであるが、心は何か目的があり、何かをしていないと落ち着かないのだ。そして、何もすることがなければ、退屈さのあまり、心は唯一の避難場所である眠りへと滑り込むのだ。

「情念もなく、仕事もなく、気ばらしもなく、専心すべき営みもなしに、まったき休息のうちにあることほど、人間にとって耐えがたいことはない。彼はそのとき、自己の虚無、自己の空虚を感じる」とパスカルも言ったように、耐えがたい虚しさを感じているのは心であり、われわれはこの事実を知ってか、知らずか、忙しく外を駈けずり、この心に絶えずエネルギーを注ぎ続けてきたのだ。しかも、生き甲斐などともっともらしい理由をつけて、趣味・嗜好（学問も同じ）などに興じるが、事実は、心が一瞬捉えた想念（妄念）に心は駆りたてられ、それに没頭していれば、しばらくは彼の言う、人間存在の虚しさを忘れ、気を晴らすこともできるだろう。

われわれはこの心のまやかしに気づいていないばかりか、輪廻の輪を回しているのはほかでもないあなた自身であり、あなたが心にエネルギーを注ぎ続けるからだ。従って、瞑想とは、しばらく走るのを止め、その流れから一歩脇に退いて、心にこれ以上エネルギーを注がないことだ。

そのためにわれわれは、思考あるいは欲望の本質を見抜き、妄動する心（妄心）を追い駆けるのではなく、また是非・善悪など、他者に対してはもちろん、自己に対しても非難がましいことを一切言わず、あらゆる分別（判断）を止め、心の動く様をただ観察することなのだ。そうすると心は次第に居心地の悪さを感じるだろう。というのも、われわれはずっと二元論的な思考方法に慣らされてきたために、どうしても心は何かを言い、また何かをしたがるのだ。たとえ言わなくとも、心の内側では絶えず脈絡のないおしゃべりが想念という形で続いている。心はたわいもない無駄話から、果ては国家・世界の未来について喋々と論じていれば、楽しくもあり、また落ち着いて満足していられるのだ。

しかし、われわれはこの心の罠に嵌ることなく、心を除かない限り、対立二つながらの源である一元性の世界（一法界）を知ることはできない。そのために妄りに動く心を、一切の分別を挟むことなく観察することが大切なのだ。心は是非・善悪をはじめとする二元性しか理解できないために、それ以上分別を加えなければ、自らその存在の基盤を失って自然に消え、心の本源へと帰っていくのだ。

止観双修

心（思考）の鎖を絶つ瞑想のプロセスとして『起信論』が採った方法が「止観双修」なのだ。まず、「静処に住し、端坐して意を正して」、どんな心（思考・感情・記憶・幻影など）が起こってこようとも、一切の分別を挟むことなく心を観察するというものだ。

> 止とは一切の境界の相を止むるを謂う
> 観とは因縁生滅の相を分別するを謂う

（『起信論』95）

仏教の世界観の基本は、世界（境界）はそれだけで存在しているのではなく、外的に存在するとみられる客観世界も、認識する人の心と分かちがたく結びついているというものであった（三界唯心）。世界は認識する主体（の心）から独立して存在することはできないのだ。この事実は、認識するわれわれが、自らの心を深く理解するならば、世界についての理解もまた深まるであろうということを示唆している。世界といえば、現在われわれが捉えている世界が唯一のものと思われがちだが、それはあくまでも、現在のわれわれの心に映っている世界なのだ。

「止」とは仏教の言葉でシャマタであり、文字通り「止める」という意味であるが、『起信論』における「止」とは「一切の境界の相を止める」とある。しかし、実際の瞑想のプロセスから言えば、「止」とは「一切の心識の相を止める」（「心識の相」とはわれわれの心の働きを言う）と理解する方がいいだろう。なぜなら、世界はわれわれの心と密接に結びついているのであるから、われわれは直接世界に働きかけるのではなく、自分の心（妄心）に働きかけることによって、一切の境界（の相）を止めることが可能になるからだ。われわれが心と言っているものは心源の不覚によって生じてきた妄心であり、妄心とは文字通り、妄りに起こる心ということであった。その妄動する心を止めるというのが「止」の意味なのだ。しかし、「止」のプロセスの中で心は重く沈み、いとも簡単に眠りこけることにもなるので（惛沈《こんじん》）、続いて「観」の必要性が説かれてくる。

復次に、若《も》し人にして唯止のみを修するときは、則ち心は沈没し、或は懈怠《けだい》を起し、衆善を楽《ねが》わずして、大悲を遠離《おんり》せん。是の故に、観をも修すべし。

（『起信論』103）

「観」とは仏教の言葉でヴィパシャナーであり、『起信論』における「観」とは「因縁生滅の相を分別する」とあるが、それはわれわれの外側だけではなく、内側で起こっているすべての事物・事象（因縁生滅の相）を深く観察し、存在の本質を洞察する智恵を養うことである。誤解してはならないのは、「分別」という言葉を、そのまま是非・善悪などを判断（分別）すると理解してはならないことだ。なぜなら、是非・善悪を初めとする二元性を判断するのは妄心であり、それこそわれわれが生死に迷う根本原因にほかならず、仏教はそれを分別心、あるいは妄分別として退けたものであるからだ。

従って、妄りに分別する心を止め（シャマタ）、われわれの内と外で起こるすべての事物・事象に批判を加えるのではなく、ただ見つめ、観察することによって（ヴィパシャナー）、見るもの（主）と見られるもの（客）という主客の二元論を解消し、一元性の世界、『起信論』が言うところの「一法界」の世界へと帰っていくというのが止観（シャマタ・ヴィパシャナー）の大方の道筋であるが、さらにその道すがら起こるであろう問題点を指摘しておこう。

妄動する心を止めるには、何よりも次々に湧き起こってくる感情や思考を心でもって捕え、観察する練習が必要になってくる。簡単に言えば、心でもって心（感情や思考）を捕える練習が必要なのだ。もう一度、怒りの感情が湧き起こってきた場合を考えてみよう。われわれは普通こういうとき、怒りを除こうとしたり、封じ込め、その場を収めて混乱を避けようとするだろう。それが理性を持ったわれわれ人間の良識ある態度と見なされる。もちろん、私もそれに異論があるわけではないが、これはわれわれが今問題にしている心を止め、心を離れる正しい処し方とは言えない。つまり、生死を離れる道ではない。というのも、これは主客の二元論に基づく対処の仕方であり、「二取（能取・所取＝主・客）の随眠はこれ世間の本なり。唯しこれのみをよく断ずるを出世間と名づく」とあったように、世間、すなわち人倫の道に過ぎないからだ。

一方、瞑想による心の対処の仕方、すなわち主客（世間）のもとになっている心を離れるためには、ただ心でもって心を観察するだけでいいのだ。怒りの例で言えば、怒りを抑えようとするのではなく、その観察者となるだけなのだ。というのも、それが主客に分けない見方であり、サンサーラの世界（世間）からニルヴァーナの世界（出世間）へ渡っていくために、それを支えている心にこれ以上エネルギーを注がないことになるからだ（『起信論』は、サンサーラの世界は「われわれの無明妄心によって住持されている」と言っていた）。従って、何が起こって来ようとも、妄りに分別するのではなく、すべての心の動きを見ている観察者、あるいは観照者になることが必要なのだ。心はあざなえる縄のように二元性に依って支えられているから、もし是非・善悪の判断（分別）を加えることなく、起こるままに見ていれば、やがて心はその拠所を失って、自ずと心の本源へと消えていくのだ。

しかし、これまで心を捕える練習はおろか、一度も心の動く様を観察（観照）したことがないわれわれが、瞑想（止観双修）を始めて知ることは、われわれの内側は何の脈絡もない想念が行き交う観念の巣窟であり、心を捕えるどころか、次々に湧き起こる感情や思考に圧倒され、心を離れることが容易でないとすぐ分かるだろう。それを可能にするための手段として従来用いられてきたのが呼吸法なのだ。

因みに、息（呼吸）は自らの心と読める。呼吸（息）と心は密接に結びついているのだ。それは言葉の上だけではなく、われわれは経験からも、心が緊張して（怒りなど）、不安に駆られると呼吸も不規則になることを知っている。また、呼吸は身体を激しく動かすことによっても早くなる。このように、呼吸はわれわれの心だけではなく身体とも深く関係している。だから古来、深い瞑想状態に、それを三昧（サマーディ）と言うのだが、入って行くために呼吸法が用いられてきたのだ。つまり、妄りに動く心を止め、心の本源（心性、本心、真心、本源清浄心）へと帰って行くために、心（妄心）から始めるのではなく、呼吸に取り組むというものだ。

何といってもわれわれは、自分の内側に脈絡のない心（想念）が途切れることなく流れていることさえ気づいていないのだから、直ちに心を取り除くなど無理というものだ。妄動し、馳散する心を摂めるために（それを「正念」と言う）、呼吸を調え、呼吸を調えるために身体を調えていく。実際の瞑想に入る場合は、これが逆になって、まず身体を調え、次いで呼吸に働きかけることによって、呼吸が穏やかになっていくと、心は妄りに起こることなく、次第に深い沈黙の中で心はその本源へと消え去るのだ。

では呼吸に取り組むとはどういうことかと言えば、ただ呼吸に心を留め、意識的になるということだ。しかし、これさえも本当は容易なことではない。というのも、われわれが生きているということは文字通り息（呼吸）をしているということだが、これまでわれわれは呼吸を意識することなしに生きてきたのだから、呼吸に心を留め、意識的になろうとしても、たちまち湧き起こるさまざまな想念に心は捕えられ、呼吸のことなどすっかり忘れ、心はあらぬ方向に彷徨い、何度も呼吸に戻らねばならないだろう。それはともかく、なぜ呼吸というわれわれが生きていることの証であり、ごく当たり前の行為に意識的になることが、われわれを深い瞑想状態（三昧）に導くことになるのであろうか。

それには呼吸というものが先ほど言ったように、われわれの身心と深く関係しているだけではなく、呼吸が身体と心を繋ぐ掛け橋のような役割を果たしていることが理由として挙げられるだろう。そして、われわれは今、身心、すなわち色・受・想・行・識の五蘊から成る仮我であり、この仮我から真我（本来の面目）へと辿るということであった。その目的の基本は、物質と精神（身心）の二元論を超えて、真実の自己（真我）を知るということにある。

呼吸には呼気、すなわち出息と吸気、すなわち入息の二つがある。この入息と出息の二つに心を留める練習（随息観など）を積み、やがて呼吸が微々として幽かになれば、次第に身体と心が一つに溶け合い（身心一如）、身心二つながらの源である本源の世界（一法界＝真如）へと帰っていくのだ。そうなって初めてわれわれは深い瞑想状態（それを『起信論』は「真如三昧」と呼ぶ）に入っていけるのであり、道元が「身心自然に脱落し、本来の面目は現前す」と言ったことが起こり得るのだ。それだけではなく、「是の如き三昧に依るが故にすなわち法界は一相なりと知る」と『起信論』にもあるように、サマーディに入って初めて存在は一なるもの（法界一相）であったと知り、「存在の奥義」を知る智恵が生じるとともに、それが生死の中に逼迫するわれわれの一切の苦悩を解放することになるのだ。

身心一如という言葉を知ってはいても、体験的にそれを知った人が果たしてどれだけいるか私は知らないが、呼吸を介し、身心脱落して真実の自己（本来の面目）に甦ると、そこが一真如の世界、すなわち一元性（一法界）の世界でもあるというので、私は、呼吸は身体と心を繋ぐ掛け橋のようなものであると言ったのだ。

ところが、『起信論』は「若し止を修せんとせば、静処に住し、端坐して意を正し、気息にも依らず」と言い、呼吸法（気息）を用いるのではないという。それはなぜかというと、確かに呼吸法は瞑想状態（三昧）に入る有効な手段であり、この入息と出息の二つに心を留める練習は必要であるが、その心が実は、心源の不覚によって生じた妄心であるから、いつかその心さえも除かなければ本当のサマーディに入っていくことはできないから、『起信論』は「気息にも依らず」と言ったのだ。分かりやすく言うと、呼吸に心を留めることも放棄しなければならないときが来るということだ。

我れ嘗《かつ》て静慮を学び　微々として気息を調う
是《かく》の如くして星霜を経　殆ど寝食を忘るるに至る
たとい安閑の処を得たりとも　蓋し修行の力に縁《よ》るのみ
争《いか》んぞ似《し》かん　無作に達して　一得即ち永得なるに

（良寛『草堂詩集』）

われわれは呼吸であれ心であれ、いつか一切の作為を離れて（無作に達して）、本源に帰り、そこで真理を覚ることになるのだが、覚って初めて、これまで採ってきた方法や努力がどういうものであったかを知るのであって、それ以前では決してない。『十牛図』の第九は「返本還源」であるが、次のように言う。

本に返り源に還って　すでに功を費やす
争《いか》でか如《し》かん　直下《じきげ》に盲聾《もうろう》のごとくならんには

（廓庵『十牛図』）

本源に帰り着くまでにでき得る限りのことはしてきた、良寛もそうであったように、それこそ寝食を忘れるほど、気息（呼吸）を調える練習もしてきた。しかし、辿り着いてみると、その努力の結果というよりも、直ちに「盲聾のごとく、無作」になればよかったのだと知る。しかし、無作だから始めから何もしなくていいというのでは、決してあなたが無作に至ることはないだろう。無作（無為）に達するためにもわれわれは、あらゆる努力をしてみなければならないのだ。ここを取り違えてはならない。

瞑想の始めはやはり呼吸法が有効であり、呼吸に取り組むことからやがて、心に取り組むというプロセスが初心者には無理なく入っていける。そして、呼吸について今述べたことは、心にも当てはまる。

心を除き心源へと辿るために、人は妄動する心を捕えなければならないが、心も私なら、心を捕えようとするのも私であるから、私の心でもって心を捕えようとしているのだ。ところが、この心はいずれも妄心であるから、妄心でもって妄心を捕えようとしていることになる。しかし、始めはそれでいいのだ。というか、そうするしか方法はないのだ。われわれが仏道を歩む場合、その一歩は妄心で始めるしか術はない。もしわれわれが初めから真心（本源清浄心）ならば、すでに悟りを得ていただろう。ならば、わざわざ悟りを求める必要もなければ、何の問題もなかったはずだ。

このように瞑想は心でもって心を捕え、心を除いて、無心（真心）に至ることであるが、呼吸の場合と同様に、問題は除こうとする心（除想）もまた、除かなければならないときが来るということだ。この心を残しておいて、三昧（真如三昧）に入っていくことはできない。というのも、除こうとした心もまた生死に迷う妄心であるからだ。分かりやすく言えば、心を空じようとした心もまた、空じられねばならない心だということである。

一切の諸想を念に随って皆除き、亦除想をも遣《や》れ。

（『起信論』95）

瞑想（止観双修）の始めは、どんな心が起こってこようとも、その心に善し悪しの判断を下すこともなく観察し、見守っていなければならないが、いずれ観察している心も除かなければならない時が来る。そして、妄りに起こる心（客）を観察し、除くことはそれほど難しくはないが、観察している心（主）をも除いて、本当の無心となることはとても難しい。というのも、一切の心を除くことは、先に死には二つあり、瞑想とは意識的に死の中に入っていくことであるとしたが、その死と独り対峙することになるからだ。なぜなら、私とは心が仮構した仮我であり、心が本源へと消えると、これまでわれわれが自分と思ってきた私が、何の実体もない虚構であったことが暴かれ、心と共に消えていくことになるからだ。このように、心も私ならば、観察しているのも私の心であるから、心が本源へと消え去る体験と無我の体験は一つになっている。つまり、無心になることと無我になることは、一つの出来事なのだ。

かくして、妄動する心を止めて、内側へと辿ると、ついに心はその本源へと消え、真如三昧に入ることができたら、そこはあなたが帰るべき永遠の故郷（一法界）であるのだ。

久しく習して淳熟すれば、其心は住することを得ん。心が住するを以ての故に、漸漸に猛利《みょうり》にして、随順して真如三昧に入ることを得、深く煩悩を伏して、信心は増長し、速に不退を成ぜん……、是の如き三昧に依るが故に則ち法界は一相なりと知る。

（『起信論』97）

自己実現

瞑想とは、何よりもわれわれの心の本質を深く理解し、妄動する心（妄心）にこれ以上エネルギーを注がないことであるが、われわれが見ているもの（色）は、すべてわれわれ自身の心であり（見色即見心）、認識の対象は認識する主体の心を離れて存在しているのではないから、心がその本源へ消え去ると、つまり無心（真心）になると、われわれがこれまで捉えていた対象世界（サンサーラの世界）はもうそこにはない。この事実を端的に表現したものとして、黄檗の言葉を二つ引用しておこう。

若し一切の心無くんば、三界も亦た有に非ず。

（黄檗『宛陵録』）

心をして空ならしむれば、境は自ずから空なり。

（黄檗『伝心法要』）

このように、瞑想のプロセスを辿る上で重要なポイントとして、心が消えると人だけではなく、境（三界）も消えていくことが挙げられる。つまり、無心となれば無我となるだけではなく、無境ともなるのだ。それを『起信論』は「無境界」と呼ぶが、消極的な意味だけではなく、真心が捉えた「勝妙の境界」でもある。この瞑想が極まるサマーディ（真如三昧）において知ることになる究極の真理を、今一度、『起信論』から参酌すれば次のようになる。

一切の境界は唯《ただ》心が妄に起るが故に有なるも、若し心にして妄に動くことを離るるときは、則ち一切の境界は滅し、唯一真心のみにして遍せざる所無し、此を如来の広大性智の究竟の義と謂う。

（『起信論』71）

心が本源へと消え去ると、すなわち無心（真心）になると、あなただけではなく、あなたを取り巻く世界（境）も同時に消えて行く。それは先に挙げた理由（見色即見心）の他に、われわれが見ているものは、自らの心が投影した幻影であるから（自心所現の幻境）、心が消えると境（世界）も文字通り幻のように消えて行くのだ。また、それだからこそ幻影なのだ。世界を幻影、あるいは夢の如きもの（大夢）と知った人たち（覚者）は、瞑想のプロセスが極まる「真如三昧」においてそれを知ったのであって、そうでない殆どの人にとって、この世界（サンサーラ）は幻影どころか、存在する唯一リアリティのある世界と映っているのだ。以上述べたところを簡潔に纏めたものとして、次の一文を挙げておこう。

心を離れて別に物無しと体知し、此れに由りて即ち心の有に非るを会《え》す。智者は二（能取・所取）は皆な無なりと了達し、二の無なる真の法界に等住す。

（無著『摂大乗論』）

心を離れて物はなく、物を離れて心もない。心と物は密接に結びついている。そして、物を見るとは心を見るということであった。そこで、心が本来無（無心）であることを体験的に知れば、心だけではなく物も消えてないだろう。そのときわれわれは、一体何を見ているのであろうか。結論から言えば、何も見ていない。見るものと見られるもの（主・客＝能取・所取）は、いずれも消えてないのだ。ところが、このように主客が二つながら無となるとき、初めてわれわれは真実の世界（真の法界＝勝妙の境界）を知ることになる、と無著は言う。

つまり、瞑想のプロセスの中で、心と物が一瞬消えてしまう瞬間があるということだ。主客がともに無（空）となるサマーディ（真如三昧）の中で、われわれは何も見ていないが、そのとき真理（真如＝法界）を見るということがあるのだ。それを「見色即見心」に対して、「不見之見即真見」という。不見の見、つまり何も見ていないけれども見るということがある、それが真に見るということなのだ。

簡単に言うと、もう主客の関係で見ているのではないということだ。それを『維摩経』は肉眼ではなく慧眼をもって見ると言う。「肉眼の所見に非ざるも、慧眼は乃ち能く見る。しかもこの慧眼には見無く、不見無し」。また、大珠慧海は「云何がこれ正見（真見と同義）なる。見に所見なきを、即ち正見と名づく」と言い、さらに肉眼と慧眼の違いを衆生眼と仏眼で説明している。

キリスト教に目を移すと、例によってエックハルトだが、パウロがダマスコに向かう途中、突然光に包まれて大地に投げ出され、そこから立ち上がったとき、彼の目は開いていたにもかかわらず、何も見ていなかったという体験に（『使徒行伝』）、彼は独自の解釈を付している。

一なるものを私は見ることができない。パウロは何も見ていなかったが、それは神であった。神は無であるが、また一なるものである。

（エックハルト『無である神について』）

「一なるものを私は見ることができない」とはエックハルトの卓見であり、恐らく彼自らの悟りの体験から得られた結論であろう。というのも、われわれ人間は二なるもの（二元性）しか見ることができず、徒に混乱しているからだ。そして、パウロが目は開いていたにもかかわらず何も見ていなかったというが、実は、すべての被造物が無となったその時、彼は神を見ていたのだと、エックハルトは自らの体験に照らして理解したのだ。この無であるとともに、一なるもの（神）をわれわれは肉眼（衆生眼）を通して見ることはできない。

このように、被造物を無として見ることが不見であり、そのとき本当に見る（真見）ということがある。この何も見ていない無、あるいは空こそ人間にとって最も貴重な時であり、体験的に真理（一なるもの）を知る瞬間でもあるのだ。

心を離れ、見るものと見られるもの（人・法＝人・境）がともに消えると、あなたは忽然と無、あるいは空の中にいる。この体験が無我の体験であり、『起信論』が言うところの「真如三昧」なのだ。その時、これまで現実と思われていたものが非現実と化し、すべてのものが如夢如幻と映る。生も例外ではない。そして、生が夢幻ならば死もまた夢幻なのだ。だからこそ『楞伽経』は、瞑想が極まる無（空）の体験を「如幻三昧」と言ったのだ。翻って、生死はわれわれの心に依るのであり、もしその心の鎖を断つことができたら、生死はもとより夢（大夢）であったと知るのだ。

このように、人（主）・法（客）がともに、無自性・空であると知るとき、つまり、人無我と法無我を覚るとき、生死（サンサーラ）は尽きて涅槃（ニルヴァーナ）となる。

生死と涅槃とは　無二にして少異無し、
善く無我に住するが故に　生（死）尽きて涅槃を得。
（『大乗荘厳経論』）

サンサーラとニルヴァーナは「一なるもの」の二つの次元であり、サンサーラはニルヴァーナを離れて存在しているのではない。言い換えれば、サンサーラに沈淪するわれわれ衆生もまた、ニルヴァーナを離れて存在しているのではないということだ。従って、われわれはどこか遠く離れたところにニルヴァーナの世界を求めるのではなく、人・法の妄執（人我見・法我見）を絶ち、無我（人無我と法無我）を覚るとき、生死（サンサーラ）は尽きて涅槃（ニルヴァーナ）となる。つまり、生と死を実体的に捉えている限り、生死の夢はいつ果てるともなく続いていくが、生死を夢の如きもの（大夢）と本当に知ったものは、生死はないと知るのだ（「もし生死の性を見れば、すなわち生死なし」『維摩経』）。そして、そうと知るに至ったもの（覚者）は、再び三界生死の迷いの世界（サンサーラ）に戻り来ることはない（言う必要もないけれど、たとえ生まれてくるにしても、その初めから全く異なる意味を担って存在することになる）。

生存に対する妄執を絶ち、心の鎮まった修行僧は、生を繰り返す輪廻を超える。彼はもはや生存を受けることがない。

（『スッタニパータ』）

この人・法（人・境）がともに鎖融する無の体験は、あなたが人間として経験する最後の体験となるだろう。しかし、それはあなたがもう何の経験もしなくなるというのではなく、いかなる経験もあなたを生死の絆に繋ぎ止める業（カルマ）とはならないという意味なのだ。なぜなら、その後にはあなたはもう存在しないからだ。というよりも、あなたはもう人間ではなくなるのだ。これを宗教的覚醒（悟り）の体験と呼ぶが、体験と呼ぶには少し注意を要する。というのも、悟りの体験というのは、一般に考えられているように、神秘的なヴィジョン（たとえそれが仏や神であっても）を見ることでもなければ、また、六神通（宿命通、他心通など）を得ることでもないからだ。『起信論』が「真如三昧は見相にも住せず、得相にも住せず」と言うのもそのためだ。

無（空）の中へと入っていくとき、あなたは消え去るが、あなたが存在しなくなるというのではもちろんない。確かに、個としてのあなた（仮我）は消え去るが、あなたは一なる全体（真我）として甦るからだ。それを臨済は「一無位の真人」と呼ぶが、無になることが全体になることなどわれわれの理性では考えられないことだろう。何と言っても、無はゼロを意味しているからだ。しかし、無がゼロでないことは、すべてのものはこの無から現れ、再びこの無へと帰っていくことからも明らかだ。無はわれわれの本性であるばかりか、存在するすべてのものの本性なのだ。形は異なるけれども、その内なる本性はみな無（空）において一つなのだ。だからあなたが無へと帰るとき、あなたは全体と一つになるのだ。それはちょうど、波が消えれば大海と一つに融け合うようなものだ。

あなたが消えて、再び甦る体験を先に「五蘊の仮我が銷殞して無我の大我となる」と表現した。あなたの仮我は消えて無我となるが、あなたは大我（真我）として再び甦るという意味であった。そして、この大我（atma-mahatmata）こそ真実の自己であり、「私とは誰か」を求めて旅を始めたわれわれの到達点なのだ。なぜなら、生死に迷うわれわれ衆生が一なる世界（法界）へと悟入し、「法界の大我」として甦ると、それがほかでもない仏であるからだ。イスラーム神秘主義は、それを「完全な人間（al-insan al-kamil）」と呼んだ。

これが仏教（宗教）における自己実現の意味であり、何よりも無自己（無我）を実現することなのだ。決して自己を実現することではない。それはいわば人の道であり、それがどんなものかはこれまで縷々述べてきたところから明らかであろう。そして、宗教的に自己を実現したとき、その後には『起信論』が言うところの「自然業《じねんごう》（利他）」あるのみ、というのも「私が見ているものは私自身にほかならない」（ビスターミーの言葉）からだ。

参考文献

『大乗起信論』の引用は岩波文庫（宇井・高崎訳注）に依るが、少し手を加えたところがあることをお断りしておく。その他の引用についても左記に挙げた労作に依っている、併せて深く感謝を申し上げる次第である。

アウグスチヌス『告白』（山田訳）中央公論社
荒木見悟『楞厳経』筑摩書房
井筒俊彦『意識の形而上学』中央公論社
『イスラーム哲学の原像』岩波書店
入矢義高『馬祖の語録』禅文化研究所
『臨済録』岩波書店
ウイルバー『量子の公案』（吉福他訳）工作社
『空像としての世界』（井上他訳）青土社
『無境界』（吉福訳）平河出版社
エックハルト『説教集』（田島訳）岩波書店
衛藤即應『大乗起信論講義』名著出版

小川環樹『老子』中央公論社
大橋俊雄『一遍上人語録』岩波書店
カプラー『タオ自然学』（吉福他訳）工作社
鏡島元隆『道元禅師語録』講談社
キルケゴール『死に至る病』（桝田訳）筑摩書房
コルバン『イスラーム哲学史』（黒田他訳）岩波書店
『弘法大師空海全集』（宮坂他）筑摩書房
三枝充悳『中論』（上・中・下）第三文明社
坂本・岩本『法華経』（上・中・下）岩波書店
柴山全慶『無門関講義』創元社
ショーレム『ユダヤ神秘主義』（山下他訳）法政大学
宗密『原人論』（鎌田茂雄）明徳出版
シュレーディンガー『精神と物質』（中村訳）工作社
『生命とは何か』（岡他訳）岩波書店
親鸞『教行信証』、『歎異抄』（金子大栄）岩波書店
『禅の語録』全二〇巻（柳田他）筑摩書房
高崎直道『楞伽経』、『維摩経』大蔵出版

タゴール『ギタンジャリ』(森本訳) 第三文明社
『大乗仏典』全一五巻 (長尾他) 中央公論社
天台大師『天台小止観』(関口真大) 岩波書店
デイビィス『物質という神話』(松浦訳) 青土社
『神と新しい物理学』(戸田訳) 岩波書店
道元『正法眼蔵』岩波書店
トウッチ『マンダラの理論と実践』平河出版社
ドーキンス『遺伝子の川』(垂水訳) 草思社
長尾雅人『摂大乗論』(上・下) 講談社
『日本の禅語録』全二〇巻 (入矢他) 講談社
袴谷憲昭他『大乗荘厳経論』大蔵出版
バック『かもめのジョナサン』(五木訳) 新潮社
パスカル『パンセ』(松浪訳) 河出書房
平川彰『大乗起信論』大蔵出版
平野宗浄『一休狂雲集』(上・下) 春秋社
『ブッダのことば』(中村元訳) 岩波書店
『プロチヌス全集』(田中他訳) 中央公論社

法蔵『華厳五教章』（鎌田茂雄）大蔵出版
ボーム『全体性と内臓秩序』（井上他訳）青土社
丸山圭三郎『ソシュールの思想』岩波書店
モッラー・サドラー『存在認識の道』（井筒訳）岩波書店
森三樹三郎『荘子』中央公論社
柳華陽『金仙証論』大成書局石印
リンドリー『物理学の果て』（松浦訳）青土社
『ルーミー語録』（井筒訳）岩波書店
柳田聖山『円覚経』筑摩書房
　『禅語録』中央公論社
ヨナス『グノーシスの宗教』（秋山他訳）人文書院
Al-Jili ; Universal Man.Beshara
Arberry ; Discourses of Rumi.Murray
Attar,F ; Muslim Saints and Mystics.RKP
Burckhardt,T ; Mystical Astrology According to Ibn Arabi.Beshara
Capra,F ; Tao of Physics. Shambhala
Chittick ; The Sufi Path of Love.Suny, The Sufi Path of Knowledge. Suny

Cleary ; The Blue Cliff Record. Shambhala

Corbin,H ; Spiritual Body and Celstial Earth.Prinston

Eckhart,M ; Deusche Predigten und Traktate,von J.Quint.München

Geshe Rabten ; Echoes of Voidness.Wisdom

Guenther,H ; From Reductionism to Creativity rDzogs-chen and the New Sciences of Mind. Shambhala

——. The Royal Song of Saraha.London

Hans Jonas ; The Gnostic Religion.Boston.

Hopkins,J ; Meditation on Emptiness.Wisdom

Hubbard,J ; Pruning the Bodhi Tree.Hawaii

Huntington,J ; The Emptiness of Emptiness.Hawaii

Ibn Arabi ; The Bezels of Wisdom,tras Austin.London

Karmay,S ; The Great Perfection.E.J.Brill

Kelsang Gyatso ; Clear Light of Bliss.Wisdom

Kierkegaads Papier.2den Udgave. København

Lama Mipham ; Calm and Clear.Dharma

Lati Rinbochay& Hopkins ; Death,Intermediate and Rebirth.Snow Lion

Lauf,D ; Secret Doctrines of the Tibetan Books of the Dead. Shambhala

Meyer,M ; The Gospel of Thomas.Haper Collins

Morris,J ; The Wisdom of the Throne.Prinston

Namkhai Norbu ; The Cycle of Day and Night.Station Hill

——. The Crystal and the Way of Light.RKP

Napper,E ; Dependent-Arising and Emptiness. Snow Lion

Nasr,S.H ; Islamic Art and Spirituality.Golgonooza

Nicholson,R ; The Mystics of Islam.Cambridge

Pagels E ; The Gnostic Gospels.Vintage

Patrul Rinpoche ; The Words of My Perfect Teacher.Collins

Radhakrishnan ; The Principal Upanisads.Oxford

Reynolds,J ; Self-Liberation through seeing with naked awareness.Station Hill

Richard Back ; Jonathan Livingston Seagull.Avon Books

Rumi,J ; The Mathnawi. Gibb Memorial Trust

Robert W.Funk ; The Five Gospels.A Polebridge Press Book

Robinson,J ; The Nag Hammdi Library.Collins

Schuon,F ; Understanding Islam.Mandala Books

Shankara ; Viveka-Chudamani.Vedanta Press

Snellgrove.D ; The Hevajra Tantra.Oxford

Sogyal Rinpoche ; The Tibetan Book of Living and Dying.Collins

Tarthang Tulku ; Time,Space and Knowledge.Dharma

Thich Nhat Hanh ; Old Path White Clouds.Parallax

Thurman,R ; The Holy Teaching of Vimalakirti.London

——. The Central Philosophy of Tibet.Prinston

Trungpa,C ; The Tibetan Book of the Dead. Shambhala

Tulku Thondup ; Buddha Mind.Snow Lion

Wilber,K ; The Eye of Spirit.Shambhala

——. No Boundary.New Science Library

Wittgenstein,L ; Philosophical Investigastion.Basil Blackwell

エピローグ

真宗文化研究所において、私は二十六回にわたり『大乗起信論』の研究会を主宰する機会に恵まれた。もしこういうことでもなかったら、必ずしも読みやすいとは言えないこの書物を、改めて読み解く作業を、自らに強いることはなかったであろう。しかし、本書は決してこの研究会から生まれたものではない。が、これなくしては纏めることもできなかったであろう。そういう意味で、この研究会に関わられた方々には深く感謝の意を表しておきたい。

周知のように、『大乗起信論』という書物は、大乗仏教の根本思想と方法論を簡潔に纏めた論書として、中国はもとより、日本でも空海をはじめ、各宗各派の宗教的思想家に大きな影響を与えてきた。また、解説書に至ってはそれこそ枚挙にいとまがないほど多く、さらに一書を加えることは私の真意ではなく、この書物を手掛りとして、現代に生きる人間の根本問題を解明し、再検証することであった。もし、その問題は何かと問われるならば、今の私は、自分の口からではなく(すでに語ってきたので)、グノーシスの研究者として知られるハンス・ヨナスがその主著の中で紹介している、ヴァレンティノス派の言葉を挙げるだろう。

われわれは誰であり、何になったのか、われわれはどこにいて、どこへ投げ込まれたのか、われわれはどこに向かって急ぎ、どこから救済されるのか、誕生とは、再生とは何であるか……これらの知識がわれわれを解放する。

（ハンス・ヨナス『グノーシスの宗教』）

果たして、私がこれら人間存在の基本に関わる重要な問題にどれだけ答えられたかは大いに疑問であるが、生と死の境が曖昧になるだけではなく、そのいずれにもリアリティが感じられなくなった現代に、私は改めて意味を与えようとしたのではない。むしろ、生と死は本来われわれが考えているほど確かなリアリティを持ってはいないという立場に私は立っている。そして、このリアリティのなさが一体どこから生じてくるかを私は明らかにしようとしたのかもしれない。何よりも時代は（いつの時代もそうなのだが）、生きる意味や理由ではなく、生（死）そのものを根本的に問い糺すことを求めているように私には思えるからだ。自らの実存に深く根を下ろすためにも、こういう問題に対して真摯に向かい合う勇気ある人が、一人でも多く現れてくることを私は密かに願っている。

なお、本書は平成十二年度光華女子短期大学の出版助成を得たものであることを記し、謝意を表しておきたい。

最後に、本書の出版に至る一切のお世話を頂いた法藏館の上別府茂・杉本理両氏に、衷心から感謝の意を表する次第である。

一九九九年十二月

著者

可藤豊文（かとう　とよふみ）

1944年，兵庫県に生まれる。京都教育大学理学科（物理化学）卒業。大谷大学大学院文学研究科博士課程（真宗学）をへて，コペンハーゲン大学キルケゴール研究所，およびカルガリー大学宗教学科でチベット密教などを学ぶ。主要論著として『神秘主義の人間学—我が魂のすさびに—』（法藏館），「The Esoteric Buddhism in Nyingma」（真宗文化）など。専攻は宗教学，なかでもキリスト教神秘主義，スーフィズム，ヴェーダーンタ，道教，チベット密教など，東西の神秘思想の系譜を辿る一方で，実践的ワークに取り組む。現在，光華女子短期大学教授，ならびに光華女子大学・短期大学真宗文化研究所主任

連絡先　〒604-8163　京都市中京区室町通六角下ル鯉山町518-1011
TEL & FAX 075(255)0367
E-mail; rk068@gwm.koka.ac.jp

瞑想の心理学　大乗起信論の理論と実践

二〇〇〇年五月一五日　初版第一刷発行

著　者　可藤豊文
発行者　西村七兵衛
発行所　株式会社法藏館
京都市下京区正面通烏丸東入
郵便番号　六〇〇－八一五三
電話〇七五(三四三)〇〇三〇(編集)
〇七五(三四三)五六五六(営業)

印刷・製本　中村印刷

ISBN 4-8318-7257-1 C1010